Uschi Herzer, Joachim Hiller (Hrsg.)

DAS OX - KOCHBUCH

Vegetarische und vegane Rezepte
nicht nur für Punks

1. Auflage 1997
Verlag J. Neumann
Nerotalstr. 38
55124 Mainz
Tel./FAX 06131/467115

Redaktion: Uschi Herzer und Joachim Hiller
Titelzeichnung und Illustrationen: Ole Kaleschke,
Humboldtstraße 46, 28203 Bremen
Logos: Fritte
Satz: Anja Beck
Druck und Bindung: Digital Printing Service Richter, Andernach
ISBN 3-930559-30-7

Vorwort

Warum dieses Kochbuch? Als ob es nicht schon genug andere gäbe... Aber wie wahrscheinlich alle anderen auch glauben wir, daß unser Kochbuch etwas Besonderes ist. Wieso?
Dazu müssen wir kurz was zur Entstehungsgeschichte erzählen. Das Kochbuch basiert auf der Rezeptseite, die seit der ersten Ausgabe fester Bestandteil des Ox-Fanzines ist. Dabei handelt es sich um das von uns mehr oder weniger im Hauptberuf herausgegebene Punk- und Hardcore-Fanzine (ein Fanzine ist sowas wie ein Musikmagazin, nur ein bißchen anders). Irgendwann fingen wir an, diese Rezeptseiten für Freunde und Bekannte in einer Kopiermappe zusammenzustellen und boten diese dann auch den Ox-LeserInnen an. Die wachsende Beliebtheit dieser Rezeptmappen brachte uns schließlich auf die Idee mit dem Kochbuch, und jetzt, nach über einem Jahr Vorbereitung, haben wir es endlich geschafft.
Alle Rezepte wurden von uns auf ihre „Tauglichkeit" hin getestet, schon aus dem Grund, weil wir unsselbst unzählige Male über völlig idiotische Kochrezepte (solche aus Frauenzeitschriften sind dafür prädestiniert...) und mißglückte Gerichte aufgeregt haben. Zudem haben wir uns zum Ziel gesetzt, die Rezepte so verständlich wie möglich und eher umgangssprachlich zu gestalten - denn das waren die Punkte, die uns selbst an Kochbüchern immer gestört haben. Unser Hauptanliegen ist es, mit diesem Kochbuch Menschen zum Selberkochen zu animieren, die sich bis jetzt nicht getraut haben, nach dem Motto „Das kann ich sowieso nicht...".
Zusätzlich sind die Rezepte meist mit Symbolen ausgestattet, die das Aussuchen nach verschiedenen Kriterien erleichtern sollen, im einzelnen: „einfach", „schnell", „vegan" und „für viele". Letzteres ist zum einen dadurch entstanden, daß wir selbst regelmäßig bei Konzerten für Bands kochen und dabei gemerkt haben, daß es gar nicht so einfach ist, für 35 Menschen in einer normal ausgestatteten Küche zu kochen, bzw. sich viele Rezepte unter diesen Voraussetzungen einfach nicht für große Mengen eignen. Zum anderen kamen uns immer wieder Klagen von Bands zu Ohren, denen das „Tour-Essen" förmlich zu den Ohren rauskam - „Reis mit Scheiß" oder jeden Tag Pizza ist auf Dauer doch etwas öde... Um Veranstaltern in punkto vegetarischer/veganer Kost etwas auf die Sprünge zu helfen, haben wir diese Rubrik eingerichtet.
Eine weitere Besonderheit sind unsere „Gastrezepte", die von Ox-LeserInnen, Freundinnen und Freunden, Bands, Labels, Läden usw. stammen. Ist doch lustig, ein Rezept seiner Lieblingsband zu kochen, oder?
Als „Schmankerl" sehen wir die Musiktips, die zum jeweiligen Gericht

passend und mit viel Liebe ausgesucht wurden. Die Idee ist aber nicht auf unserem Mist gewachsen; ursprünglich kam die Idee von den Hippycore-Leuten aus den USA, die vor Jahren schon das Kochbuch „Soy Not Oi" rausgebracht haben. Wir fanden die Idee aber so toll, daß wir sie einfach für unser Kochbuch übernommen haben.
Auf Ernährungstips und Kluges zum Thema Vegetarismus/Veganismus haben wir bewußt verzichtet, da es diesbezüglich ganz gute Literatur gibt, die man/frau sich im Bedarfsfall besorgen kann. Siehe dazu auch die Literaturliste ganz hinten im Buch.

Was nach alter Fanzine-Manier natürlich nicht fehlen darf, sind die

Grüße & Küsse:

Ein megadickes Danke geht an Ole für die künstlerische Gestaltung, ohne die das Kochbuch nur halb so toll wäre, das gleiche gilt auch für Fritte, an Birgit, unsere unermüdliche Tipperin und natürlich vor allem Anja, die sich tapfer durch das Layout gekämpft hat. Was hätten wir bloß ohne euch gemacht?
Special thanks to Joel & Jack von Hippycore, Jens, der bereit war, das allererste deutsche Punkrock-Kochbuch in seinen Verlag zu nehmen und alle Menschen, die uns in irgendeiner Art unterstützt haben.
Grüße und Küsse gehen an Katrin und Michi (dem dieses Kochbuch indirekt gewidmet ist, in der Hoffnung, daß aus ihm vielleicht doch noch mal ein „Hausmann" wird...), Christiane und Carsten, die gesamte Ox-Crew, Uli (die's jetzt vielleicht endlich mal schafft, den Linsenaufstrich auszuprobieren...), unsere Mamas und Omas und JZ Hüweg (Uschi kocht da bei Konzerten. Check it out!).
Uschi Herzer & Joachim Hiller

P.S.: Was hat ein vegetarisches Kochbuch mit Punkrock zu tun? Diese Frage werden sich wohl Leute von außerhalb der „Szene" stellen. Nun, seit bald 20 Jahren steht Punk auch für den Willen zu gesellschaftlicher Veränderung, und als Anfang der Achtziger aus Punk die Hardcore-Bewegung entstand, fand mit dem Bemühen, sein Leben bewußter zu gestalten, auch die Idee des Vegetarismus und später des Veganismus immer mehr AnhängerInnen. Deshalb dieses Kochbuch - nicht nur für Punks.

P.P.S.: Anregungen, Kritik und Ergänzungen sowie weitere Rezepte für eine eventuelle zweite Auflage bitte an

Ox
Abt.: Kochstudio
Postfach 143445
45264 Essen

INHALT

BASICS

Grundsätzliches

• Die Mengenangaben der Rezepte beziehen sich, falls nicht anders angegeben, immer auf vier Portionen.

• Selbst wenn Rezepte nicht explizit vegan sind, lassen sich in der Regel leicht Butter durch Margarine oder Eier durch Sojamehl (siehe unten) ersetzen. Ist Sahne vorgesehen, kann natürlich auch Sojasahne verwendet, und Käse, falls nicht grundsätzlicher Bestandteil, kann ja auch weggelassen werden.

Die Symbole:

= vegan, also ohne Milchprodukte, Eier und Honig

= für große Mengen geeignet

= geht schnell

= sehr einfach

Abschrecken

Heiße, gegarte Lebensmittel, z.B. Nudeln, werden mit kaltem Wasser übergossen; gut abtropfen lassen.

Blanchieren

Rohes Gemüse wird je nach Art 2-5 min. in heißer Flüssigkeit (Gemüsebrühe, Wasser...) oder heißem Dampf in einem Topf oder einer Pfanne vorgegart.

Dünsten

Das Garen von Gemüse in wenig Flüssigkeit mit oder ohne Fettzugabe. Die Flüssigkeit zum Dünsten kann der Eigenanteil aus den Lebensmitteln sein oder zugesetzt werden (z.B. etwas Wein, Brühe, Wasser, Milch).

Marinieren

Das Einlegen in eine gewürzte Flüssigkeit (z.B. Sojasosse), um einen bestimmten Geschmack zu erzielen.

Putzen

Das Entfernen von nicht eßbaren und welken Teilen bei Gemüse, Obst usw., z.B. das Entfernen von harten Außenblättern, Wurzeln, Schalen mit Hilfe eines Messers.

Schmoren

Bei dieser Garmethode wird Gemüse zunächst in heißem Fett angebraten und anschließend unter Zugabe von wenig Flüssigkeit im geschlossenen Topf gegart.

Basmati-Reis kochen

Für eine Beilage rechnet man/frau für 2 Personen 1 große Tasse Reis und 2 große Tassen Wasser. Die Menge kann beliebig variiert werden, aber das Verhältnis 1 Teil Reis zu 2 Teilen Wasser muß beibehalten werden.
Reis kochen geht einfach: Reis waschen und mit Wasser in einem Topf erhitzen. Deckel drauf! Wenn

das Wasser samt Reis blubbert, Temperatur abdrehen und einmal umrühren, Deckel wieder drauf. Der Reis braucht ca. 20 min. bis er fertig ist. Wichtig: Einmal umrühren genügt. Durch zuviel Deckelheben und Neugierigsein entfleucht die Wärme aus dem Topf und der Reis wird nicht rechtzeitig fertig. Schmeckt einfach nur phantastisch!

Nudeln kochen

Pro Person rechnet man/frau ungefähr 125g. Egal welche Pasta ihr macht, wichtig ist, daß ihr genügend Wasser nehmt! Wenn das Wasser kocht, schmeißt ihr etwas Salz rein (so 1-2 EL) und gießt ein paar Tropfen Öl dazu. Dann die Nudeln ins Wasser kippen, aufkochen lassen und so lange weiterblubbern lassen, bis sie die erwünschte Konsistenz haben (klassisch ist „al dente", also „bißfest", d.h. beim Draufbeißen spürt ihr noch etwas Widerstand). Dann in ein genügend großes Sieb ausgießen, abschrecken und gut abtropfen lassen. Fertig.

Tomaten häuten

Den grünen Bürzel oben kreuzweise einschneiden, die Tomaten in eine Schüssel legen und mit kochend heißem Wasser (wichtig!) überbrühen. Die Tomaten so lange drin liegen lassen, bis die Schale anfängt abzuplatzen. Dann mit einem Löffel rausnehmen und mit kaltem Wasser abbrausen. So - jetzt könnt ihr ihnen das Fell über die Ohren ziehen.

Noch ein paar grundsätzliche Anmerkungen

• Wo Gemüsebrühe im Rezept steht, soll auch Gemüsebrühe verwendet werden. In Mutters Brühwürfeln befinden sich meist tierische Fette und anderer Mist. Es lohnt sich deshalb immer, auf die Inhaltsstoffliste auf der Verpackung zu gucken. Reine Gemüsebrühe gibt´s im Naturkostladen oder Reformhaus. Ihr könnt zwei verschiedene Arten bekommen: die klassischen Brühwürfel oder gekörnte Gemüsebrühe. Es empfielt sich letztere, da sie sich auch ausgezeichnet zum Würzen eignet, da gut dosierbar.

• Hände weg von sogenanntem Sojafleisch oder Fleischersatz, etwa für „Bolognese"-Soße oder vegetarisches Gulasch. Es mag zwar für manche ganz lustig sein, etwas Fleischähnliches zuzubereiten, aber das Zeug ist der letzte Mist, zumindest ernährungs- und herstellungstechnisch. Fleischersatz wird aus den Resten, die bei der Sojaölherstellung übrigbleiben, gewonnen und pervers chemisch aufbereitet, um die gewünschte Konsistenz zu erreichen. Zudem ist es wahrscheinlich, daß über kurz oder lang auch hier genmanipuliertes Soja verwendet wird, und außerdem hat ein derart denaturiertes Lebensmittel auf einem vegetarischen Speisezettel einfach nix zu suchen. Punkt.

• Checkt die Inhaltsstoffe, wenn ihr Produkte im Supermarkt kauft. Es versteckt sich ganz oft Tierisches in Produkten, in denen man es gar nicht vermutet (z.B. in Keksen). Zudem ist es vorteilhaft Produkte zu meiden, in denen der Geschmacksverstärker Natriumglutamat vorkommt. Zum einen kann der Stoff Allergien und das „China-Syndrom" (aufgequollene Finger usw.) auslösen, zum anderen spricht es nicht unbedingt für die Qualität eines Lebensmittels, wenn es auf Geschmacksverstärker angewiesen ist. Ebenfalls „tierverdächtig" sind pauschal als „Aroma" bezeichnete Inhaltsstoffe.

• Böse böse böse sind alle Arten von vorproduzierten Lebensmitteln, etwa fertige Tomatensossen, Salatdressings, etc. Ihr könnt davon ausgehen, daß bei solchen Produkten von Food-Majors wie Nestlé, Kraft und so weiter jede Menge unnötiger Unfug drinsteckt, der hierin eigentlich gar nichts zu suchen hat. Außerdem schmecken selbstgemachte Salatdressings und Nudelsossen sowieso besser.

• Wenn ihr Nudeln kauft, dann am besten italienische. Die sind zumindest normalerweise ohne Ei hergestellt und bestehen nur aus Hartweizengrieß und Wasser. Was es mit Eiern in Nudeln auf sich hat, kann man in Ox #24 nachlesen (Gegen 1DM Rückporto können wir euch den Artikel kopieren und zusenden).

• Wer auf Eier verzichten möchte, kann das z.B. mit Hilfe von Sojamehl praktizieren. 1 EL vollfettes Sojamehl (gibt's im Ökoladen) und 2 EL Wasser entsprechen einem durchschnittlich großen Ei. Bei Bratlingen z.B. läßt sich ein Ei mit 3-4 EL Sojamilch ersetzen. Unstressiger ist es natürlich, wenn man/frau sich einfach Rezepte ohne Ei ausdenkt.

SNACKS

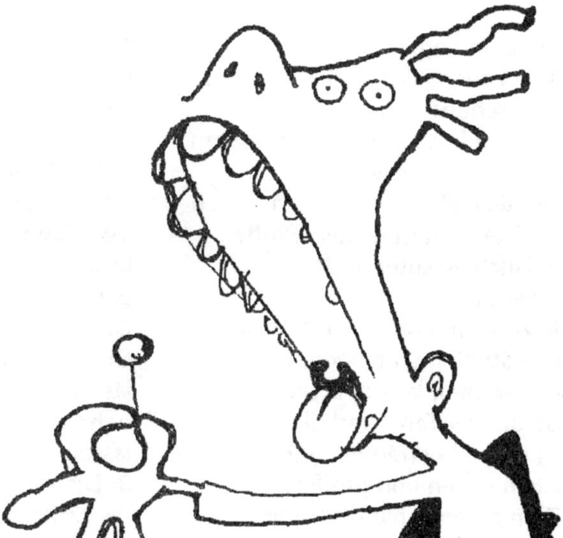

GEFÜLLTE TOMATEN-HOHLKÖRPER

Musik: Kirk Brandon's 10:51
„Stones in the rain"

- **8 kleine Tomaten**
- **150g Doppelrahmfrischkäse**
- **2 EL Creme fraiche**
- **1 zerquetschte Knoblauchzehe**
- **1/2 TL Salz**
- **Pfeffer**
- **1/2 Packung 8-Kräuter aus dem Tiefkühlfach**
- **Saft von 1/2 Zitrone**

für das „Bett":

- **1 Chicoree**
- **1 TL Essig**
- **1 TL Olivenöl**

1. Tomaten köpfen, mit einem Teelöffel aushöhlen und auf einem Zewawischundweg kopfüber austropfen lassen (und das in einem vegetarischen Kochbuch...).
2. Für die Füllung verrührt ihr Frischkäse, Creme fraiche, Salz, Pfeffer, Knoblauch, Kräuter und Zitronensaft.
3. Jetzt noch schnell den Chicoree in dünne Streifen schneiden, waschen und abtropfen lassen. Dann den Salat auf vier Teller verteilen, mit Essig und Öl beträufeln und ein bißchen salzen und pfeffern.
4. Zum guten Schluß noch die Tomaten mit der Pampe füllen und dekorativ auf den Tellern verteilen.

CHAMPIGNON-BLÄTTERTEIG-TEILCHEN

von Nina Altenhoff
Musik: Doctor Bison
„The bloated Vegas years"

- **4 Scheiben Blätterteig (gibt's fertig tiefgefroren)**
- **2 EL Butter**
- **1 mittelgroße Zwiebel**
- **400g frische Champignons**
- **1/2 Bund Schnittlauch, in Röllchen geschnibbelt**
- **1/2 Bund Petersilie, fein gehackt**
- **1 Kästchen Kresse**
- **3 Eier**
- **Meersalz, Pfeffer, Muskat**
- **1 Eigelb (Dosenmilch geht auch)**
- **geriebener Parmesan**

1. Die Blätterteigscheiben ein paar Minuten auftauen lassen und auf einer bemehlten Arbeitsfläche dünn ausrollen.
2. Die Butter in einer Pfanne erhitzen und die Zwiebeln darin glasig schmoren. Die Champignons kleinschneiden und in die Pfanne geben, dann die Kräuter zugeben. Die Eier verschlagen, über die Champignons geben und stocken lassen. Dann die Pfanne vom Herd nehmen und alles schön auskühlen lassen.
3. Diese Masse wird jetzt jeweils auf die Mitte der Blätterteigscheiben verteilt; zum Schluß werden die Scheiben zusammengeklappt und an

den Kanten gut angedrückt - sonst sifft es euch den ganzen Backofen voll...
Die Scheiben auf ein nasses Backblech legen und im Backofen bei 200° C 20 min. backen.
4. Kurz vor Ende der Garzeit die Teilchen mit Eigelb bestreichen und mit Parmesan nach Belieben bestreuen.

GEMÜSE-SCHNITTCHEN

Musik: Dag Nasty „Wig Out At Denkos"

für den Teig:
- **250g Mehl**
- **250g Quark**
- **250g Butter**
- **1 TL Salz**

für die Füllung:
- **1 Zucchini**
- **1 Paprika**
- **1 Stück Schafskäse**
- **1 Stange Lauch (ihr könnt natürlich je nach Geschmack auch anderes Gemüse, z.B. Pilze, Broccoli etc. verwenden)**
- **Sojasoße, Salz, Pfeffer, Majoran**

1. Mehl, Quark, Butter und Salz zu einem geschmeidigen Teig verkneten und anschließend in den Kühlschrank stellen (am besten für mehrere Stunden).
2. In der Zwischenzeit Lauch waschen, in feine Streifen schneiden und Paprika würfeln (nicht zu groß). Zucchini waschen, vierteln und in dünne Scheiben schneiden.
3. Etwas Fett in der Pfanne erhitzen. Lauch und Paprika darin weichdünsten. Am Schluß die Zucchini dazu und noch kurz mitdünsten. Als letztes den zerbröselten Schafskäse unter das Gemüse mischen und abschmecken.
4. Dann den Teig auf einer bemehlten Arbeitsfläche ca. 3-5 mm dick ausrollen und in Quadrate von ca. 13 x 13 cm schneiden (gibt 8-10 Stück). Jetzt jeweils ca. 2 TL der Gemüsemischung auf die Teigmitte geben und das Quadrat zu einem Dreieck zusammenfalten. Die Ränder vorsichtig, aber gut zusammendrücken.
5. Die Dreiecke auf ein mit Backpapier ausgelegtes Backblech legen. Ofen auf 175° C schalten und solange backen, bis die Teile leicht gebräunt sind.

- Dazu paßt ein gemischter Salat.
- Die Gemüseschnitten schmecken auch kalt sehr gut und eignen sich hervorragend für Partys.

GRIECHISCHE PAPRIKA

Musik: Gray Matter „Thog"

- **je 1 knackige rote, grüne und gelbe Paprika**
- **4 EL Olivenöl**
- **4 EL Essig**
- **ca. 1/2 TL Salz**
- **etwas Pfeffer**

1. Zuerst die Paprika der Länge nach vierteln, von den Kernen befreien und waschen. Dann mit einem Schäler die Haut entfernen (es sollte noch was von der Paprika übrig bleiben), den Ofen auf 200° C anheizen und die Paprika auf das mit Backpapier bedeckte Gitter legen. Das Zeug muß solange im Ofen bleiben, bis es weich ist; dauert ca. 20-30 min.
2. Damit ihr nicht vor lauter Langeweile in der Nase bohrt, könnt ihr schon mal die Marinade vorbereiten. Dafür mischt ihr einfach Öl, Essig, Salz und Pfeffer in einer Schüssel zusammen.
3. Sind die Paprika weich genug, schneidet ihr sie noch warm in mundgerechte Stücke (was immer das für euch sein mag!?), legt sie in eine flache Schale oder ähnliches und beträufelt sie mit der Soße. Bevor ihr die dann essen könnt, sollten sie mind. 1 Stunde gezogen haben. Ab und zu umdrehen.

- Dazu gibt's Baguette oder Fladenbrot.
- Kommt gut im Rahmen einer Vorspeisenplatte, z.B. mit gefüllten Tomaten, Oliven, Hummus und Brot.

TOMATENSALAT AUF WEISSBROT

Musik: Arien von Maria Callas

- **1 Ciabatta (zur Not tut's auch ein ordinäres halbes Baguette)**
- **2 Tomaten**
- **1/2 Bund Frühlingszwiebeln**
- **1/2 Möhre**
- **2 Knoblauchzehen**
- **1-2 EL Olivenöl**
- **1 EL Balsamico-Essig**
- **Salz und Pfeffer**

1. Zuerst das Brot in Scheiben schneiden und bei 175° C im Ofen knusprig werden lassen, bis der Rand bräunlich wird (oder einfach toasten).
2. In der Zwischenzeit die Tomaten klein würfeln, die Frühlingszwiebeln in feine Ringe schnibbeln, die Möhre fein raspeln, den Knoblauch zerquetschen und alles zusammen in eine Schüssel geben. Mit Essig und Öl vermischen und mit Salz und Pfeffer abschmecken.
3. Ist das Brot fertig, nehmt ihr's aus dem Ofen und packt mit einem Löffel das Gemüse mit ein bißchen Soße auf die Scheiben. Auf einem Teller schön anrichten und sofort essen.

MIT SCHAFSKÄSE GEFÜLLTES NACHTSCHATTEN-GEWÄCHS

Musik: D.O.A. „Loggerheads"

für 2 Personen:
- **4 große oder 6 kleine Tomaten**
- **200g Schafskäse**
- **Olivenöl, Salz, Pfeffer, Knoblauch**
- **Pizzagewürzmischung (Oregano, Majoran, Thymian...)**
- **etwas Gouda, Emmentaler oder ähnlichen Käse**

1. Tomaten waschen, oben einen Deckel abschneiden und die Tomaten vorsichtig mit einem Teelöffel aushöhlen.
2. Den Schafskäse in einer Schüssel mit der Gabel zerdrücken. 2-3 EL Olivenöl zugeben und vermischen, so daß eine feste Masse entsteht. Knoblauch, Salz, Pfeffer und die Gewürze dazugeben, gut vermischen.
3. Die Masse in die Tomaten füllen und eine kleine Scheibe Käse über die Öffnung legen. Die Tomaten vorsichtig in eine Auflaufform setzen und bei 180° C ca. 1/2 Stunde garen. Die Tomaten sind erst dann fertig, wenn sie weich bis matschig sind. Mit einer Gabel testen!

- Dazu paßt Reis oder Baguette oder Blechkartoffeln oder...

STEINBEISSER

Musik: Bambix „Crossing Common Borders"

für zwei:
- **1-2 Tassen gekochtes Getreide**
- **2 Möhren, fein geraspelt**
- **1 kleine Zwiebel, fein gehackt oder ein paar Frühlingszwiebeln**
- **1/2 Paprika, in kleine Würfel geschnitten**
- **superfein geschnittener Rotkohl (1-2 Blätter)**
- **vielleicht fein geraspelte rote Bete? Ach, verwendet einfach die Reste aus dem Gemüsefach...**

für die Soße:
- **2 TL Zitronensaft, frisch gepresst**
- **2 EL Sonnenblumenöl**
- **1/2 TL Salz**
- **Pfeffer**
- **jede Menge Kräuter (ich bevorzuge da 8-Kräuter aus der Tiefkühltruhe)**

Einfach Getreide und geschnibbelte Zutaten in eine Schüssel, Dressing drüber, gut durchmischen und fertig. Nobel ist es natürlich, wenn der Salat in kleine Schüsseln aufgeteilt wird - ist ja nur'n Appetizer.

- Kräuterbutterbaguette paßt hier übrigens vorzüglich dazu, muß aber nicht sein, sonst seid ihr ja schon vor dem Hauptgericht satt.

SALMONELLEN-BAGUETTE

€ ◷

Musik: V.A. „Cleanse The Bacteria"

Ihr wisst ja, daß Eier eigentlich nicht korrekt sind? Wer aber trotzdem kein schlechtes Gewissen bekommt, kann gerne dieses Rezept ausprobieren:

für 2 Personen:
- **1/2 Baguette**
- **3-4 Eier**
- **1 kleine Zwiebel**
- **1 kleine Paprika**
- **2 Essiggurken**
- **100g geriebener Käse**
- **Salz, Pfeffer, Paprika**

1. Das Baguette wie ein Brötchen aufschneiden und das Weiße so gut es geht herauspuhlen, bis eine Mulde entsteht. Das weiße Zeug in kleine Stücke zupfen, in eine Schüssel geben und mit den Eiern vermischen.
2. Die Zwiebel fein würfeln, ebenso Paprika und Gurken, die Hälfte vom geriebenen Käse dazu und gut würzen; evtl. noch den ein oder anderen Löffel Creme fraiche oder Sahne dazu und nochmal durchrühren.
3. Dann ab damit in die Mulde des Baguettes, den restlichen Käse drüberstreuen und in den Ofen schmeißen (am besten packt ihr das Baguette auf Backpapier, damit nix anklebt).
4. Bei 175° C so lange drin lassen, bis der Käse geschmolzen ist und das Baguette bräunlich wird.

TOMATEN-BAGUETTE

€ ◷

Musik: Jawbox „Jawbox"

- **1/2 Baguette**
- **3-4 Tomaten**
- **(Kräuter-)Butter**
- **geriebener Käse**
- **Salz, Pfeffer, Oregano**

1. Das Baguette in kleinere Stücke schneiden und halbieren. Die Hälften mit Kräuterbutter beschmieren, in Scheiben geschnittene Tomaten darauf verteilen, würzen und abschließend fett mit Käse bestreuen.
2. Die Baguettes auf Backpapier (das ihr natürlich auf das Backblech legt) legen und in den Ofen schieben. Bei 175° C solange drin lassen, bis der Käse geschmolzen ist. Aber Vorsicht! Nicht zu schnell runterschlingen, denn das Zeug ist verdammt heiß.

VOLLGEPACKTES FLADENBROT

von Daniel Oppermann
Musik: Chumbawamba „Anarchy"

- **1 türkisches Fladenbrot**
- **Salatblätter**
- **Fleischtomaten**
- **1 kleine Gurke**
- **Käse, in Scheiben geschnipselt (Uschi findet Schafskäse lecker!)**
- **Remouladensosse**

1. Fladenbrot vierteln und der Länge nach bis zum Außenrand aufschneiden (dann hast du nämlich den Klapp-auf-klapp-zu-Effekt, und der ist richtig geil!). Die Unterseite des Brotes nun mit beliebig viel Salat, Gurken- und Tomatenscheiben belegen.
2. Auf die Oberseite eine oder mehrere Scheiben Käse legen und das ganze Gebilde für ca. 5 min. in den Backofen stecken (solange, bis der Käse warm und weich geworden ist).
3. Dann rausnehmen, auf die Unterseite noch'n kräftigen Schuß Remo-Sosse quetschen, den ganzen Apparat zuklappen und ham ham weg. Man/frau kann natürlich auch das Brot ganz halbieren. Das bedeutet zwar, daß die Soße überall rausläuft, aber dafür muß das Gemüse nicht mit in den Ofen (kommt hinterher drauf), d.h. es ist knackiger.

SKORDALIA

von Amber/Wreck-Age Rec.
Musik: Esquivel

- **2-3 große Kartoffeln, weichgekocht**
- **2-3 Knoblauchzehen, fein gehackt**
- **Saft von 2 Zitronen**
- **1/8 l oder mehr gutes Olivenöl**

Die Kartoffeln zerstampfen und mit Salz, Knoblauch und etwas Zitronensaft würzen. Ein bißchen Olivenöl hinzufügen. Alles mit einem Handrührgerät gut vermischen und solange rühren, bis die Masse dick und geschmeidig ist. Soviel Öl hinzufügen, bis die Masse leicht glänzend und „elastisch" ist - es sollte nicht wie Kartoffelpüree sein, sondern, ich zitiere, „a dense and strongly flavored dish with a pleasant pale yellow green shade". Es ist wichtig, mit Salz, Zitronensaft, Knoblauch und Olivenöl nicht so zögerlich zu sein. Einfach soviel verwenden, bis es nach eurem Geschmack ist.

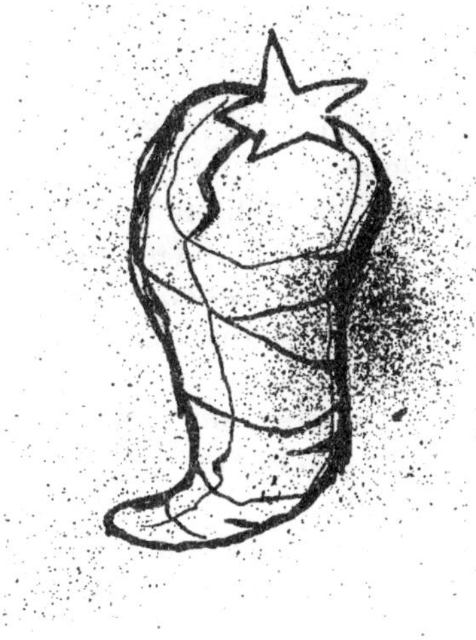

GEMÜSETÖRTCHEN

Musik: Fehlfarben
„Monarchie und Alltag"

für den Teig:
- **500g Mehl**
- **1 Päckchen Trockenhefe**
- **1 TL Salz**
- **1 TL Zucker**
- **50g Butter oder Margarine**

für den Belag:
- **400g Möhren, in Stifte geschnitten**
- **400g Zucchini, in Stifte geschnitten**
- **50g Butter**
- **200g Doppelrahmfrischkäse**
- **1 Bund Schnittlauch**
- **Salz, Pfeffer**

1. Für den Teig Mehl, Trockenhefe, Salz und Zucker in einer Schüssel mischen. Weiches Fett und etwa 200 ml Wasser zugeben und alles mit den Knethaken des Handrührgeräts zu einem geschmeidigen Teig verkneten. Zugedeckt an einem warmen Ort gehenlassen, bis er sich etwa verdoppelt hat.
2. Für den Belag Möhren- und Zucchinistifte in heißem Fett anbrutzeln. In der geschlossenen Pfanne bei kleiner Hitze 10 min. dünsten. Dann Frischkäse und Schnittlauchröllchen unterrühren und mit Salz und Pfeffer abschmecken.
3. Den Teig nochmals durchkneten und in 10 Portionen teilen. Jedes Teigstück zu einem Fladen (ca. 12 cm) ausrollen und auf ein mit Backpapier ausgelegtes Backblech setzen. (Mehrere Durchgänge - oder habt ihr ein Riesenbackblech?)
4. Mit der Gemüsefüllung belegen. In den Backofen schieben, auf 200° C schalten und 20-30 min. backen.

- Schmeckt warm oder kalt sehr lecker. Möhren und Zucchini können auch durch anderes Gemüse ersetzt werden.

EIBURGER

von Raphael,
Billabong Tunes Mailorder
Musik: TISM
„Collected Recordings 1986-1993"

für 2 Menschen:
- **2 Buns (Hamburgerbrötchen)**
- **1 kleine Zwiebel**
- **2 Paprika**
- **2 kleine Zucchini**
- **2 EL Öl**
- **200 ml Flüssigkeit (Gemüsebrühe, Wasser, Wein, eingekochte Tomaten...)**
- **35 ml Sahne (nach Belieben)**
- **2 Eier**
- **2 Scheiben Toastkäse (nach Belieben)**
- **Gewürze, Mayo, Senf**

1. Zwiebeln fein hacken und Gemüse in kleine Würfel schneiden. Öl in eine Bratpfanne geben, Zwiebeln darin dünsten und mit etwas Flüssigkeit ablöschen. Danach das kleingeschnittene Gemüse dazugeben und nach Belieben würzen und dämpfen. Bei Bedarf etwas Flüssigkeit dazugeben.

2. Nach ca. 20 min. die Eier in die Pfanne hauen und möglichst runde Spiegeleier braten, dabei das Eigelb einstechen, sodaß es sich über das Ei verteilt. Würzen nicht vergessen. Den Rest der Flüssigkeit zum Gemüse geben und eindicken (Sahne dazugeben).

3. Buns toasten oder sonstwie aufwärmen. Die untere Hälfte mit Mayo, die obere mit Senf bestreichen (viel Mayo, wenig Senf). Die Bun-Unterseite mit Gemüse bedecken (nicht sparsam sein; alles Gemüse aufbrauchen), Spiegelei drauf, nach Bedarf Käsescheibe drüber und Deckel drauf. Fertig.

PATLIKAN TAVA

Gebratene Auberginen

Musik: Cheb Khaled „N'ssi n'ssi"

- **250g Joghurt**
- **1 Knoblauchzehe**
- **1 kg lange, dünne Auberginen**
- **Salz**
- **Vollkornmehl**
- **Olivenöl zum Braten**
- **300g Tomaten**
- **1 EL Tomatenmark**
- **1/2 TL Thymian**

1. Die Auberginen waschen und längs in 1 cm dicke Scheiben schneiden, mit Salz bestreuen und 30 min. „weinen" lassen (die Bescherung werdet ihr schon sehen...).

2. Salz abspülen und Auberginen abtrocknen, in Mehl wenden und in reichlich heißem Öl in einer Pfanne beidseitig goldbraun ausbacken. Danach auf einem Küchenkrepp abtropfen lassen.

3. In der Zwischenzeit Tomaten häuten (–> Basics) und würfeln. Öl in einem kleinen Topf erhitzen und Tomaten mit dem Tomatenmark 5 min. dünsten. Am Schluß mit Thymian und Salz würzen und in eine Schüssel geben.

4. Jetzt die Knoblauchzehe klein schneiden, ein bißchen Salz drauf und mit einer Gabel zermusen. Den Knoblauch mit dem Joghurt in eine Schüssel packen, gut vermischen und mit Salz abschmecken.

5. Soo - wenn jetzt alles fertig ist, könnt ihr die Auberginenscheiben auf den Tellern verteilen (Ich gebe ja zu, daß die nicht besonders appetitlich aussehen, aber die schmecken trotzdem total lecker!) und die Tomaten und den Joghurt dazu essen.

SUPPEN

SOLARKOCH STEFANS KÜRBISSUPPE

Musik: Les Rita Mitsouko „C'est comme ça"

- **1,5 kg Kürbis**
- **2 Zwiebeln, fein gewürfelt**
- **2 Knoblauchzehen, gepresst**
- **ca. 3/4 l Gemüsebrühe**
- **1/2 l süße Sahne**
- **Salz, Pfeffer, Paprika, Oregano und viel Muskat**
- **4 Scheiben Vollkornbrot**
- **Butter**

Ich muß ja zugeben, daß ich in Sachen Kürbis so ziemlich keine Ahnung hatte, bevor ich in den Genuß dieser Suppe kam. Es gibt mindestens zwei Arten von Kürbis: den gemeinen Gartenkürbis und den Hokkaido-Kürbis. Nehmen könnt ihr beide; der Hokkaido ist allerdings etwas kleiner und schmeckt würziger. Aber jetzt los:

1. Zuerst den Kürbis in kleine Stücke/Streifen schneiden - je kleiner, desto schneller ist er gar. Als nächstes die Zwiebeln und den Knoblauch in etwas Butter in einem großen Topf andünsten, dann den Kürbis dazu, umrühren und ein paar Minuten mitbrutzeln lassen. Deckel drauf!

2. Nach einigen Minuten das Gemüse mit Gemüsebrühe aufgießen und zwar soviel, daß der Kürbis nicht ganz bedeckt ist. Wieder Deckel drauf und solange blubbern lassen, bis der Kürbis weich ist.

3. Dann erstmal eine abwischbare Schürze angezogen, den Pürierstab ausgepackt und ab damit in die Suppe.

Wenn alles schön sämig ist, könnt ihr würzen, die Sahne dazu kippen, nochmal durchmixen, abschmecken und das Ganze nochmal aufkochen.

4. In der Zwischenzeit reichlich Butter oder Margarine in einer Pfanne erhitzen und die Brotscheiben darin kurz von beiden Seiten leicht anbräunen lassen. Vorsicht! Verkohlt schnell.

So, wenn alles soweit ist, Suppe in die Teller füllen, das Brot in kleine Stücke teilen und auf die Suppe legen. Aaaaahhh...

- Läßt sich gut aufwärmen oder einfrieren.

KARTOFFELSUPPE RHEINHESSISCHER ART

von Jens Neumann/Dreieck-Verlag
Musik: Da das Ganze ja doch recht viel Zeit in Anspruch nimmt, gibt es verschiedene Möglichkeiten, den ganzen Vorgang musikalisch zu untermalen. Solltest du ein Fanzine machen, kannst du in der Zeit all die Promo-CDs durchhören, die du immer wieder vor dir hergeschoben

hast. Ansonsten ist durch die vielen kürzeren Pausen das Gericht auch glänzend dazu geeignet, neue Sampler für's Auto zusammenzustellen. Ich persönlich höre dabei immer meine EA 80-Platten durch.

- **8 faustgroße, mehligkochende Kartoffeln**
- **1 Bund Suppengemüse (sollte 1 Stange Lauch, 1-2 Karotten und 1/4 Sellerieknolle enthalten)**
- **1-2 Zwiebeln**
- **Muskatnuß**
- **viel Pfeffer und etwas Salz**
- **mind. 1/2 l trockener Weißwein**
- **frisches Basilikum**
- **etwas Öl**
- **etwas gekörnte Gemüsebrühe**
- **ganz wichtiges Werkzeug: Kartoffelstampfer**

1. Erst einmal heißt es schnibbeln. Also alles Gemüse ordentlich waschen und, wo es nötig ist, schälen. Dann Zwiebeln, Suppengemüse, und Kartoffeln in Würfel schneiden.
2. In einem großen Topf etwas Öl erhitzen und die Zwiebeln andünsten. Anschließend die Karotten und den Lauch dazu und nach etwas Bräunungszeit zum Schluß Kartoffeln und Sellerie mit rein. Schon beim Anbraten mit viel Pfeffer und etwas Salz würzen.
3. Nach ca. 5-8 min. alles mit Wein ablöschen und noch etwas Wasser dazugeben. Mit Muskat und kleingeschnittenem Basilikum würzen. Deckel drauf und auf kleiner Flamme köcheln lassen.
4. Jetzt heißt es warten. Alle 20 min. mit einem Kartoffelstampfer das Gemüse zerstampfen. Immer wieder mit Pfeffer und etwas gekörnter Gemüsebrühe nachwürzen.
Das Ganze müßt ihr ca. 3 Stunden lang immer wieder durchführen. Dann sollte die Suppe gut durchgekocht, das Gemüse sämigzerstampft und der Alkohol verdampft sein.
5. Serviert die Suppe mit Basilikumblättern oben drauf.

- Dazu sollte man Weißwein trinken; Bier paßt aber zu Kartoffelgerichten eigentlich am besten.

KNOBLAUCH-RAHM-SUPPE

von Erika Klein
Musik: Family 5

- **50g Butter**
- **50g Mehl**
- **1 feingewürfelte Zwiebel**

Alles zusammen anschwitzen.

- **ca. 3/4 l Gemüsebrühe**
- **1/4 l süße Sahne**

Dazugeben und aufkochen lassen (aber nicht zu lange).
Nach Geschmack Knoblauch hineinpressen (ihr müßt wissen, was ihr tut...).

- Mit Salz, Pfeffer, Petersilie und Zitrone würzen.

HALLOWEEN-SUPPE

Musik: Misfits „Walk Among Us"

- **ca. 600g mehligkochende Kartoffeln, geschält und gewürfelt**
- **ca. 400g Hokkaidokürbis, entkernt und gewürfelt**
- **2 Zwiebeln, fein gewürfelt**
- **1 Knoblauchzehe, auch fein gewürfelt**
- **40g Butter oder Margarine**
- **1 1/2 l Gemüsebrühe**
- **1 TL Curry**
- **300g Tomaten, überbrüht, gehäutet und gewürfelt**
- **50g Kürbiskerne**
- **Salz, Pfeffer, Muskat, 1 Prise Zucker, flüssige Hefewürze**

1. Fett in einem größeren Topf erhitzen und darin Zwiebeln und Knoblauch leicht anbrutzeln. Nach ein paar Minuten Kürbis und Kartoffeln dazu und ein bißchen mitbraten.
2. Anschließend mit der Gemüsebrühe aufgießen und kurz aufkochen lassen. Curry dazu und zugedeckt solange vor sich hinköcheln lassen, bis das Gemüse weich ist (ca. 15 min.).
3. In der Zwischenzeit könnt ihr schon mal die Kürbiskerne anrösten. Dazu nehmt ihr einfache eine Pfanne oder einen Topf, packt die Kerne rein und röstet sie ca. 3 min. leicht an (ohne Fett!). Ploppt lustig.
4. Sind die Kartoffel- und Kürbisstücke weich, geht ihr einmal mit dem Pürierstab durch die Suppe (Vorsicht! Nicht alles in der Küche verteilen!) - und zwar solange, bis sie eine cremige Konsistenz hat. Habt ihr keinen Pürierstab, tut´s auch notfalls ein Schneebesen - ist aber dann nur semiprofessionell...
5. Jetzt noch flott kräftig würzen, die Tomaten hinein und nochmal ein paar Minuten ziehen lassen. Hat das Zeug nicht ´ne geile Farbe??! Ist alles nach eurem Geschmack, verteilt ihr die Suppe auf die Teller und streut zum Schluß die Kürbiskerne drüber.

- Dazu paßt gut Baguette oder frisches Vollkornbrot.

PORREE-KÄSE-SUPPE

von Kay Matten
Musik: leichte Unterhaltungsmusik der guten alten Schule, etwa von den Ramones. Für die jüngere generation Screeching Weasel zum Mitsummen.

für 8-10 Suppenkasper:
- **6 Stangen Porree**
- **4 Zwiebeln**
- **400g frische Champignons**
- **1,5 l Gemüsebrühe**
- **300g Kräuterschmelzkäse**
- **300g Sahneschmelzkäse (bei Feinkost-ALDI gut und billich)**
- **Pfeffer, Salz, Öl**

1. Zwiebeln schälen, würfeln und in Öl glasig dünsten. Porree halbieren,

waschen, in Streifen schneiden und dazugeben, mit Gemüsebrühe aufgießen und zum Kochen bringen
2. Champignons waschen, in Streifen schneiden und ab damit in den großen Kessel.
3. Zum Schluß den Käse dazupacken. Sobald dieser aufgelöst ist, kann zum Löffel gegriffen werden.

- Pflicht dazu ist Baguette oder Fladenbrot.

Von Nicht-VegetarierInnen bekocht zu werden ist ja immer so ´ne Sache, aber dieser Linseneintopf von Bruni ist pc und ich will euch dieses leckere Rezept deshalb nicht vorenthalten.

LINSENSUPPE NACH MÖBELKISTEN-ART

Musik: Alles von ABBA

- **2 kleine Zwiebeln**
- **2 TL Öl**
- **200 g Linsen (braune sind o.k.)**
- **1 1/2 l Gemüsebrühe**
- **600g Kartoffeln**
- **300g süße Sahne**
- **Salz, Pfeffer**
- **1 Bund Schnittlauch**
- **1 Bund Bohnenkraut (geht auch notfalls ohne)**
- **1 dicke Möhre**
- **1 große Stange Lauch**

1. Die Zwiebeln schälen und fein hacken. Das Öl in einem großen Topf erhitzen, die Zwiebeln und die Linsen darin bei mittlerer Hitze unter Rühren einige Sekunden anbraten.
2. Die Gemüsebrühe dazugießen, einmal aufkochen und zugedeckt bei schwacher Hitze in etwa 20-30 min. garen, bis die Linsen halbweich sind.
3. Während die Linsen kochen, Kartoffeln schälen, waschen und würfeln (klein). Lauch in Streifen und Karotte in dünne Scheiben schneiden (Gurkenhobel rules).
4. Alles zu den Linsen geben, erneut aufkochen und die Suppe in weiteren 10-15 min. garen, bis das Gemüse weich ist.
5. Die Sahne hinzugießen und bis knapp unter den Siedepunkt erhitzen. Die Suppe mit Salz und Pfeffer abschmecken und auf Tellern verteilen.
6. Das Bohnenkraut und den Schnittlauch waschen, trockentupfen und fein zerkleinern (aber laßt die Finger dran!). Die Suppe damit dekorieren.

- Eignet sich übrigens bestens zum Aufwärmen, falls ihr wirklich zuviel gekocht habt...
- Dazu paßt Baguette oder so.

Unser unumstrittener autumn-favourite ist die gleich folgende „Gießener Exil-Suppe". Hat man/frau die absolute Pilzhasser-fraktion im Haus (wie ich mit Joachim), können diese auch getrost weggelassen werden; schmeckt beinahe genauso gut.

Diese Suppe ist allen „Powerfrauen" gewidmet - aber die Anspielung versteht eh niemand.

JAM-JAM-LIEBLINGS-MÖHRENSUPPE

Musik: Boxhamsters „Tupperparty"

für 4 kleine oder 2 große Hunger:

- **1 Zwiebel, gewürfelt**
- **300g Möhren, auf'm Gurkenhobel gehobelt**
- **200g Lauch oder Frühlingszwiebeln, in dünne Ringe geschnitten**
- **100g Champignons (oder auch nicht), in Scheiben geschnitten**
- **3/4 l Gemüsebrühe**
- **Salz, Pfeffer, 1 Prise Muskatnuß**
- **1/2 Bund Petersilie**
- **4 EL Sahne (muß nicht unbedingt sein!)**
- **Butter oder Margarine**

1. Zwiebeln in Margarine andünsten, Möhren zugeben und ca. 3 min. mitdünsten. Heiße Brühe zugießen und auf kleiner Hitze garen bis die Möhren weich sind.

2. Ist es soweit, werden die Möhren samt Brühe mit einem Pürierstab (ihr wisst schon: das ist so'n Teil, das wie ein Vibrator aussieht...) vermatscht. Notfalls geht's auch mit einem Schneebesen oder Kartoffelstampfer. Würzen.

3. Danach Lauch und Pilze zugeben und ca. 5-10 min. auf kleinster Flamme ziehenlassen. Mit der Sahne verfeinern und feingehackte Petersilie dazu, umrühren, fertig!

- Suppe kann gut aufgewärmt werden, also könnt ihr ruhig mehr produzieren.

KARTOFFEL-LAUCH-SUPPE

Musik: Pothead „Desiccated Soup"

für 2 Menschen:

- **1 Stange Lauch**
- **1 EL Butter oder Margarine**
- **2 große Kartoffeln**
- **0,4 l Gemüsebrühe**
- **0,1 l Milch (kann auch weggelassen werden)**
- **Salz, Pfeffer**

1. Den Lauch putzen, halbieren und waschen; danach in feine Ringe schneiden. Die rohen Kartoffeln waschen, schälen und in daumennagelgroße Würfel schneiden.

2. Jetzt das Fett in einem größeren Topf schmelzen, den Lauch reinkippen und unter Umrühren 4-5 min. auf mittlerer Flamme dünsten.

3. Die Gemüsebrühe dazugießen und alles zum Kochen bringen. Wenn's blubbert, ist es an der Zeit, die Kartoffeln dazu zu geben. Mit Salz und Pfeffer schon mal vorwürzen. Das Ganze ca. 20 min. bei geschlossenem Deckel köcheln lassen.
4. Wenn das Gemüse matschig gekocht ist, gebt ihr die Milch dazu und rührt mit einem Pürierstab alles kräftig durch, damit's schön sämig wird (zur Not tut es auch ein Schneebesen). Nochmal alles aufkochen und nachwürzen. Ooh Christ! Göttlich.

- Kann auch noch mit Möhren, Broccoli oder Kohlrabi ergänzt werden und läßt sich gut aufwärmen.
- Dazu paßt Baguette.

KÄSESUPPE MIT CHAMPIGNONS

Musik: Kolossale Jugend „Leopard II"

- **1 l Gemüsebrühe**
- **250g Schmelzkäse**
- **4 EL heller Soßenbinder**
- **200g frische Champignons**
- **2 EL Butter oder Margarine**
- **1 Knoblauchzehe**
- **Petersilie, Salz, Pfeffer, Muskat**

1. Champignons putzen und in Scheiben schneiden. Brühe und Schmelzkäse erhitzen, ca. 5 min. köcheln lassen.
2. In der Zwischenzeit die Pilze im Fett braun braten. Knoblauch dazupressen. Mit dem Soßenbinder die Käsebrühe andicken, dann die Pilze und Petersilie in die Suppe geben und würzen.

- Dazu paßt Baguette.

GRÜNE SUPPE

von Wolfram Röhrig
Musik: Green Day

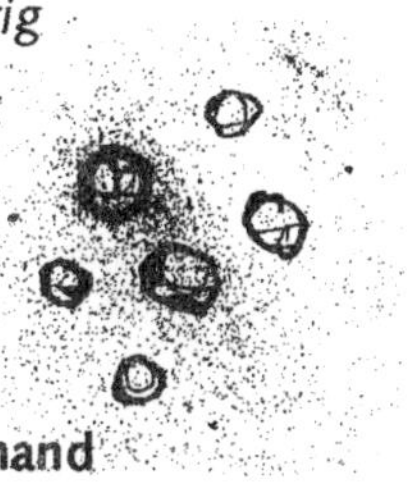

- **Lauch**
- **Brocoli**
- **Gemüsebrühe**
- **1 Dose Erbsen**
- **Sahne oder Schmand**
- **Gewürze nach Belieben**
- **Croutons**

1. Ordentlich Lauch und Broccoli (Mengenverhältnisse beliebig) in Gemüsebrühe gar kochen.
2. Anschließend den Inhalt einer Dose Erbsen sowie etwas Sahne oder Schmand und Gewürze nach gusto hinzufügen. Das ganze Zeugs wird anschließend püriert (ich lasse immer ein paar Bröckchen übrig) und kann mit einem Sahnehäubchen (huch!) und angerösteten Weißbrotwürfeln verzehrt werden.

HAUPT-GERICHTE

Das nun folgende Rezept ist ein völliger Geheimtip, denn damit konnte ich Joachim wieder friedlich stimmen, obwohl ich vergessen hatte, das Postfach zu leeren (Todsünde Nr.1!!). Los geht's:

CRUSTY BELLPEPPERS MIX

oder auf gut Deutsch:
Paprika mit Körnerkruste

Musik: Discharge „Never Again"

für 2 Menschen braucht ihr:

- **je 1 rote , gelbe und grüne Paprika**
- **1 kleines Glas Kapern (so 3-4 EL, abgetropft)**
- **50g schwarze Oliven**
- **50g grob geschroteter Weizen**
- **50g Sonnenblumenkerne**
- **1-2 Knoblauchzehen**
- **Kräutersalz, Pfeffer**
- **Olivenöl**

1. Die Paprikaschoten vierteln, vom Kerngehäuse befreien, waschen und in dünne Streifen schneiden. Zusammen mit den Kapern und den kleingeschnittenen Oliven in eine gefettete Auflaufform geben (alles schön mischen) und zum Schluß mit Salz und Pfeffer bestreuen.
2. Dann den geschroteten Weizen mit den Sonnenblumenkernen und der zerdrückten Knoblauchzehe ohne Fett in einer Pfanne so lange rösten, bis es zu duften anfängt (Aaahhh...).
3. Diese Mischung wird jetzt über der Paprikamischung verteilt und mit Olivenöl (so 2-3 EL) beträufelt.
4. So - nun das Ganze in den auf 220° C vorgeheizten Ofen auf die mittlere Schiene packen und ca. 20 min. warten. Am besten probiert ihr dann, ob die Paprika schon den richtigen Weichheitsgrad hat. Wenn nicht, nochmal 'n paar Minuten in den Ofen.

- Dazu passen ausgezeichnet selbstgemachte Weizenfladen.

WEIZENFLADEN

Musik: MDC
„Millions Of Dead Children"

- **200g Weizenvollkornmehl**
- **150g kaltes Wasser**
- **2 EL Sonnenblumenöl**
- **1/2 TL Salz**
- **1 TL Kümmel**
- **1 TL gemahlener Koriander**
- **zum Bestreuen Basilikum und Oregano**

1. Das Weizenvollkornmehl mit dem Wasser, dem Öl und den Gewürzen zu einem mittelfesten Teig kneten; diesen mindestens 30 min. (im Kühlschrank) ruhen lassen.
2. Danach den Teig in vier gleich große Stücke teilen und auf einer leicht bemehlten Arbeitsfläche zu dünnen Fladen (ca. 1/2 cm) ausrollen. Auf ein gefettetes Backblech geben und mit Basilikum und Oregano bestreuen.

3. Das Blech auf die mittlere Leiste in den kalten Backofen schieben und bei 200° C ca. 25-30 min. backen. Danach auf einem Kuchengitter auskühlen lassen.

- Dazu kommt Kräuterbutter ziemlich gut (muß aber nicht sein).
- Wollt ihr die beiden Sachen zusammen machen, bietet es sich an, daß ihr erst die Fladen macht, denn dann ist der Ofen schon vorgeheizt, wenn ihr die Paprika reinschiebt.

Apropos Getreide:
Schon mal sowas gegessen? Ich geb's ja zu, wir hatten auch etwas Berührungsängste. Aber was soll ich sagen? Wir waren gleich nach dem ersten Mal süchtig! Also, statt immer nur Reis zum Gemüse zu essen, versucht's doch mal mit Dinkel oder Weizen). Geht ganz einfach.

GETREIDEBEILAGE

Musik: Bad Religion „Suffer"

Pro Person rechnet man/frau:
- **1 große Tasse Getreide**
- **1-2 Tassen Wasser**

Und so geht's:
1. Cerealien am Abend vorher in Wasser einweichen.
2. Am nächsten Tag etwas gekörnte Gemüsebrühe dazugeben, evtl. noch etwas Wasser und einfach so lange kochen, bis das Getreide weich genug ist., also gelegentlich probieren. Dauert ca. 30-45 min. (immer mal wieder nachsehen, ob das Wasser schon alle ist, sonst nochmal etwas nachgießen).Ihr könnt das Einweichen auch weglassen, dann verdoppelt sich allerdings die Kochzeit.
3. So, ist alles fertig, schüttet ihr das evtl. noch verbliebene Wasser weg und rundet das Gericht mit etwas Kräutersalz und einem Butterflöckchen (huch!) ab. Aaaahhh...

- Wenn ihr klug seid, macht ihr einfach etwas mehr und zaubert daraus am nächsten Tag die beinahe beste Vorspeise aller Zeiten, nämlich Steinbeisser (-> Snacks).

Zu der Getreidebeilage paßt hervorragend

PAPRIKAGEMÜSE

- **2 große rote Paprika**
- **3 Knoblauchzehen**
- **Olivenöl**

Die Paprika in größere Stücke schneiden. Dann den in dünne Scheiben geschnittenene Knoblauch kurz in Olivenöl anbraten und Paprika dazu. Auf relativ hoher Flamme so 5 min. braten (Die Paprikastücke sollten noch knackig sein). Mit Salz würzen.

- Pflicht dazu ist Ajoli

BLUMENKOHL-CURRY MIT KARTOFFELN

von Margit/We Bite
Musik: Social Distortion „White Light White Heat White Trash", weil es nichts Schöneres gibt

- **1 großer Blumenkohl**
- **250g Kartoffeln**
- **4 EL Öl**
- **1 TL schwarze Senfkörner (gibt´s im Asienladen)**
- **1 TL Kurkuma**
- **1 TL gemahlener Kreuzkümmel (Cumin)**
- **1/2 TL gemahlener Koriander**
- **1/2 TL Cayennepfeffer**
- **1 gepreßte Knoblauchzehe**
- **1 kleingehackte Zwiebel**
- **1 TL Salz**
- **1 1/4 Tassen Wasser**
- **1 kleingehackte große Tomate**
- **2 EL Zitronensaft**

1. Den Blumenkohl waschen, putzen und in Röschen zerteilen. Die Kartoffeln in der Schale halb garkochen.
2. In einer großen Pfanne oder einem Topf das Öl erhitzen, die Senfkörner hineinstreuen und ein paar Minuten heiß werden lassen, bis sie knallen. Dann solltet ihr auf jeden Fall den Deckel auf die Pfanne/den Topf legen, da die Teile sonst in der ganzen Küche rumspringen. Sobald sie nicht mehr hochspringen, Kurkuma, Kreuzkümmel, Koriander und den Cayennepfeffer, sowie den zerdrückten Knoblauch und die kleingehackte Zwiebel hinzugeben. Alles zusammen bei mittlerer Hitze unter dauerndem Rühren ca. 3-4 min. anschwitzen.
3. Den Blumenkohl dazugeben, 4-5 min. andünsten, dabei hin und wieder umrühren, und schließlich mit dem Wasser aufgießen. Salzen und das Ganze 5 min. köcheln lassen.
4. Inzwischen die angekochten Kartoffeln schälen und in ca. 2 cm große Würfel schneiden. Die Kartoffelwürfel zu dem Blumenkohl geben und das Ganze weitere 10 min. leicht kochen.
Zuletzt die gewürfelte Tomate mit dem Zitronensaft zufügen und nochmals einige Minuten köcheln lassen. Fertig.

- Dazu paßt ganz hervorragend ein rotes Dal.

ROTES DAL

- **250g rote Linsen**
- **1 l Wasser**
- **1 TL Salz**
- **2 EL geschälter und geriebener frischer Ingwer (notfalls 1 TL Pulver)**
- **1/4 TL gemahlener Kurkuma**
- **1/4 TL Cayennepfeffer**
- **4 Kardamomkapseln zerstoßen (oder 1 TL Kardamompulver)**
- **2 EL Öl oder Ghee (indisches Butterfett)**

- 1 kleingehackte Pfefferschote
- 1/2 TL gemahlener Kreuzkümmel
- Zitronensaft
- 2 EL frische Korianderblätter, gehackt (notfalls glatte Petersilie)

1. Die Linsen ca. 1 Stunde in Wasser einweichen. Dann mit Wasser und Salz zum Kochen bringen und auf kleiner Flamme ca. 1/2 Std. köcheln lassen, von Zeit zu Zeit abschäumen. Öfters mal probieren, die Dinger sind meistens schneller fertig als man denkt.
2. Danach Ingwer, Kurkuma, Kardamom sowie Cayennepfeffer zufügen und weiterköcheln, bis die Linsen weich sind. Bei Bedarf noch etwas Wasser zugießen.
3. In einer kleinen Pfanne das Öl oder Ghee erhitzen, darin die Pfefferschote mit dem Kreuzkümmel 1-2 min. anschwitzen und schließlich mit den gehackten Korianderblättern und etwas Zitronensaft in das Dal rühren.

- Das Ganze am besten mit Basmatireis servieren. Wie der geht, findet ihr in der Rubrik „Basics".

ZUCCHINI-LINSEN MIT NUDELN

von Margit/We Bite
Der idelae Soundtrack zu diesem Gericht: Peter & The Test Tube Babies „The Mating Sound Of South-American Frogs"

- 300g rote Linsen
- 1 große oder 2 kleine Zucchini
- 1 EL Öl
- Gemüsebrühe
- Pfeffer aus der Mühle
- 1/16 l trockener Weißwein
- Salz
- 500g Hartweizennudeln (Bandnudeln oder Fussili)
- 1 Becher süße Sahne
- 1 Prise frisch geriebene Muskatnuß
- 50g Parmesan

1. Linsen waschen, verlesen und ca. 1 Std. einweichen. Dann in reichlich Wasser 7 min. vorgaren und zwischendurch den sich bildenden Schaum abschöpfen.
2. In der Zwischenzeit die Zucchini waschen, Stiel- und Blütenansatz abschneiden und in kleine Würfel schneiden.
3. Öl in einer großen Pfanne erhitzen und die Zucchiniwürfel darin leicht anbräunen. Die Linsen abtropfen lassen und dazugeben. Ca. 3/4 Tasse Gemüsebrühe, Pfeffer und den Weißwein dazugeben und bei mittlerer Hitze 10 min. köcheln lassen.
4. Währenddessen die Nudeln kochen und abgießen.
5. Sahne und Muskat zum Gemüse geben, mit Salz und Pfeffer abschmecken, nochmals kurz aufkochen, dann die Nudeln und den Parmesan daruntermischen.

- Dazu paßt am besten ein grüner Salat und Baguette. Und zum Trinken den Weißwein, den ihr zum Kochen genommen habt.

GEFÜLLTE AUBERGINEN IN KÄSESOSSE mit JUD

von Arne/Vielklang und Slick
Musik: JUD „Something Better"

- **60g Öko-Naturreis**
- **das doppelte Reisvolumen an Wasser**
- **Salz, Pfeffer, Muskat**
- **4 Auberginen**
- **1 Zwiebel**
- **1 rote Paprika**
- **200g frische Champignons**
- **1 EL Öl**
- **100g grüne Bohnen (evtl. tiefgefroren)**
- **200g Doppelrahmfrischkäse**
- **3/8 l Gemüsebrühe**
- **20g Mehl**
- **1/8 l Schlagsahne**
- **0,5 l Bier**
- **1 x JUD - something better CD**

1. Wasser aufsetzen, Bier aufmachen, CD einlegen und zu „Buffalo" den Reis im Wasser kochen und die Auberginen waschen. Dazu mit dem Kopf headbangen und die Musik lauter machen.
2. Das ruhige „Something better" ausnutzen und die Stielansätze der Auberginen sowie längs einen flachen Deckel abschneiden. Anschließend das Fruchtfleisch mit einem Löffel auskratzen und mit dem Deckel zusammen würfeln. Die Auberginen innen salzen und 15 min. ziehen lassen (dürfte so ungefähr bei „Sucking the life out of my me" fertig sein).
3. Wer die Platte zum ersten Mal hört, sollte nun unbedingt eine Pause bei „Weirdo" machen und einfach nur zuhören; ein großes Stück Musik!
Ansonsten konzentriert die Pilze, Paprika, Zwiebel, Bohnen, Thymian und Bohnenkraut (habe ich nie im Haus, geht auch ohne, soll aber gut sein) waschen und zerkleinern. „Man on porch", „American boy", „Pussy"... Musik lauter machen und Backofen auf 200° C vorheizen. Bier nicht vergessen, denn kochen macht durstig.
4. In der Pfanne die Zwiebel- und Auberginenwürfel andünsten, dann die Bohnen und Paprikawürfel 10 min. mitdünsten. Den gekochten Reis und die Pilze in die Pfanne geben. Mit Salz, Pfeffer, Muskat und Thymian würzen.
5. Track #10 zum Abschluß der CD nochmal ein absoluter Knaller. Nun die CD - zugegebenermaßen kurz, aber sehr gut - nochmal starten. Profis haben auf „Repeat" gedrückt. Wichtig hierbei: Keine andere CD nehmen und unbedingt lauter machen.
6. Nun die Auberginen innen mit Küchenpapier abtupfen und die Gemüsepampe aus der Pfanne in die Auberginen schaufeln. Diese in eine feuerfeste Form setzen, Brühe reingießen und im heißen Ofen 40 min. garen. Langsam durchs Zimmer moshen und nicht vergessen die Musik lauter zu machen!
7. Abschließend die Auberginen aus der Form nehmen, den Sud in einen Topf gießen und leicht erwärmen. Das Mehl mit der Sahne verrühren und mit dem Käse in den Topf kip-

pen. Flamme nochmal höher stellen und im Takt rühren.
Die Auberginen zusammen mit der Käsesoße servieren.
Mitsamt Backofenzeit und Essen kann man die CD dreimal hören.

KAI KOOTTU
indisches Gemüse

Musik: Lard
„The Last Temptation Of Reid"

- **450g Weißkohl**
- **3 Gewürznelken**
- **3 Kardamonkapseln**
- **1 Zimtstange**
- **4 EL Ghee (Butterfett; gibts wie alle anderen Zutaten auch im Asien- Shop); notfalls geht auch Öl**
- **4 große Kartoffeln, geschält und gewürfelt (daumennagelgroß)**
- **1 EL geriebener Ingwer (erst schälen, dann reiben)**
- **1 TL Kurkumapulver**
- **4 Tomaten, geachtelt**
- **1 1/2 TL Salz**
- **150 ml Wasser**
- **1 große Tasse Basmati-Reis**
- **2 große Tassen Wasser**

1. Den Kohl vierteln und auf dem Gurkenhobel fein hobeln, dann waschen und gut abtropfen lassen.
2. Nelken, Kardamon und Zimtstange fein mahlen (machen wir mit 'ner alten Kaffeemühle) und beiseite stellen. Zur Not tut's auch gekauftes Pulver, kommt aber lange nicht so gut.
3. 3 EL Ghee oder Pflanzenöl in einem Topf auf mittlerer Flamme erhitzen, die Kartoffelwürfel dazugeben und öfter mal umrühren. Wenn die Kartoffeln leicht angebräunt sind, den Topfinhalt umfüllen und zur Seite stellen.

4. Das übrige Ghee (oder Öl) in demselben Topf erhitzen und den Ingwer unter Rühren andünsten. Kurkuma und zerkleinerten Kohl dazu, umrühren (ist die Farbe nicht genial?). 3-4 min. gleichmäßig umrühren, damit sich die Gewürze gut verteilen und der Kohl nicht anbrennt. Dann Tomaten, Salz, Kartoffeln und das Wasser dazugeben, wieder umrühren und Deckel drauf. Das Gemüse auf kleiner Flamme weiterschmoren bis es gar ist.
5. Vor dem Servieren die gemahlenen Gewürze darüber streuen und vorsichtig durchmischen.

- Dazu gibts den superleckeren Basmati-Reis, wie der geht, steht unter „Basics".

KARTOFFEL-SPINAT-AUFLAUF

€

von Kay Matten
Musik: Descendents

für 4 Leutchen oder 2 Ox-Mitarbeiter mit kleinem Hunger:

- **300g tiefgefrorener Blattspinat**
- **2 Zwiebeln**
- **2-3 Knoblauchzehen**
- **Öl**
- **150g Creme fraiche**
- **Pfeffer, Salz, Muskat**
- **150g Gouda (jung, oder wer's würziger mag, mittelalt)**
- **2 Eier**
- **650g mehlig kochende Kartoffeln**
- **Butter zum Einfetten der Auflaufform**
- **Bier zum Einfetten des Kochs**

1. Die Auflaufform ordentlich mit Butter einschmieren. Dann Zwiebeln und Knofi schälen, fein würfeln und in Öl glasig dünsten.
2. TK-Spinat dazugeben und unter Zugabe von 1/2 Tasse Wasser das Ganze bei geschlossenem Topf 15 min. erhitzen. Anschließend mit Pfeffer, Salz und Muskat abschmecken.
3. Kartoffeln waschen, schälen und mit dem Gurkenhobel in feine Scheiben schneiden. Diese Scheiben dachziegelartig in die gefettete Form schichten und zwischendurch salzen.
4. Creme fraiche mit Eiern verrühren und geriebenen Käse dazugeben. Mit Salz und Pfeffer abschmecken.
5. Den Spinat über die Kartoffeln verteilen und mit der Käsecreme bestreichen. Das Ganze verschwindet auf der mittleren Schiene im vorgeheizten Backofen und wird bei 210° C ca. 50-60 min. gebacken.

SPINATGNOCCHI

von Norbert/Ox-Team
Musik: „Come on in my kitchen" (ROBERT JOHNSON).

Heute werden wir in Chef Norberts kleiner Cookeria ein Leckerchen namens Spinatgnocchi oder Gnocchi al Spinaci, wie wir hier im Ruhrpott zu sagen pflegen, zubereiten. Very nutritious, yet quite delicious! „Mmmmhhhhh, Spiiiinaaaatgnocchiiii! Oooohhhh, Chef Norbert, Spinatgnocchi waren schon immer meine heimliche Lieblingsspeise, aber seit ich mit dem grüngefärbten Iro und dem häßlichen Nasenring nach Hause gekommen bin, weigert meine Mutter sich, für mich zu kochen." Weiß ich doch, weiß ich doch. Nicht verzagen, Wattie, mit etwas Glück und Geschick wird deine spinatöse Askese in ca. 45 Minuten (THE PLIMSOULS, „How long will it take?") ein Ende haben.
Doch bevor die Augen gänzlich zu groß werden, wären da noch einige Regularien bezüglich des küchentechnischen Prozedere zu klären. Wie gemeinhin bekannt sein dürfte, erfordert jede, ich wiederhole, JEDE Aktivität, soll sie denn zur Zufriedenheit aller Beteiligten

erledigt werden, einen passenden Begleitrhythmus. Aus diesen Grunde werden nachfolgend Vorschläge zur musikalischen Untermalung JEDES EINZELNEN ARBEITSSCHRITTES unterbreitet, die, sofern man das erklärte Ziel gesteigerter Gaumenfreuden nach Beendigung der letzten vorzunehmenden Aktivität köchlicherdings auch wirklich sicherstellen möchte, STRIKT einzuhalten sind!
Für diejenigen, die auf festlichen Punk-Diners mit ihrem umfangreichen Topf- und Pfannen-Sortiment immer gern ordentlich auf die Kacke hauen, in Gourmet-Kreisen ob ihrer lächerlichen Plattensammlung aber grundsätzlich nur Hohn und Spott ernten, wurden der Einfachheit halber je nach Bedarf Alternativtitel aufgelistet. Sollte dennoch jemand meinen, unter grober Mißachtung der Soundtrack-Vorgaben einen Alleingang hinlegen zu müssen, um dies zu nachtschlafender Stunde mit wiederholten Besuchen der Darmpolizei und deren unmißverständlicher Aufforderung, sich umgehend ins Bad zu begeben und die Stirn auf dem kürzest möglichen Wege mit den Buchstaben K-E-R-A-M-A-G S-T-A-N-D-A-R-D in Berührung zu bringen, zu bezahlen... TOUGH TITTY, JACK! Ich weiß von nichts. Mein Name ist Hewhocannotbenamedinavegetariancookbook, sozusagen.
Zum Schluß noch ein gutgemeinter Rat: sollten irgendwo in diesem Kochbuch nach dem Schema „Zutaten, schäl, schnippel, dünst, brutzel, bla bla bla, fertig... und dazu hören wir vorzugsweise den Tonträger X des Interpreten Y" verfahrende Rezeptvorschläge abgedruckt sein, was ich mir in Anbetracht der Tatsache, daß die Beiträge zu vorliegendem exquisiten Druckwerk nahezu ausschließlich der Feder von pûnc rôcern, bekanntermaßen Mitglieder einer für ihre grenzenlose Kreativität berüchtigten Subspezies der menschlichen Rasse, entstammen, BEIM BESTEN WILLEN NICHT VORSTELLEN KANN, so kann ich nur dringend davor warnen, diesen Folge zu leisten. Die Tatsache, daß hier mit dem heiligen Mantra der nach Arbeitsschritten unterteilten musikalischen Untermalung gebrochen wurde, beweist doch eindeutig, daß es sich bei den „Verfassern" dieser Rezepte um arbeitsscheue Pisser handelt, deren cuisinale Kreativität sich bereits im Kopieren minderwertiger 70er-Jahre-Max-Inzinger-Kaufhaus-Daumenkino-Auflauffibeln erschöpft.
Pah! Nicht so Chef Norbert, der für diese Art reaktionärer, Rezepte zweiter Hand perpetuierender Sub-Koch-Kultur nichts als Abscheu empfindet. Nay, I say! Nicht unter meiner Abzugshaube! Und wieso sollten Sie, verehrter Leser, sich mit einer Unterbodenwäsche zufriedengeben, wenn Sie stattdessen einmal komplett Einwachsen haben können?
Doch wenden wir uns nun den Zutaten und dem dazugehörigen Einkaufszettelausfüll-Soundtrack zu, der uns gegen die bevorstehenden Strapazen im örtlichen Konsumtempel feien soll, shall we? (SIR BALD DIDDLEY, „What's In Your Fridge?"-LP, TRUSTY, „Shopping list", SCREECHING WEASEL, „Supermarket fan-

tasy", THE REPLACEMENTS, „Customer", THE PIST, „The customer is always right", RAW POWER, „Buy and pay")

Zutaten:

- **200g Speisequark (20% Fett)** (DWARVES, „Dairy queen", womit ich mich auch gleichzeitig von all unseren im Sendegebiet des V E G A N zugeschalteten Zuschauern verabschieden möchte. Later days, Willie Mays!)
- **1 kg frischer Spinat** (die guten Songs der „Something Green And Leafy"-LP von SNFU. Oops, auf „Something Green And Leafy" sind überhaupt gar keine guten Songs. Na gut, dann nehmen wir halt „Spinach Youth" von 9353.)
- **1 Zwiebel** (BOOKER T. & THE MG'S, „Green onions", ABER AUF GAR KEINEN FALL SONGS VON DIESER UNSÄGLICHEN CONNECTICUT-EMO-KRIECH-BAND ONION!!!)
- **1 Knoblauchzehe** (ARTLESS, „Knoblauch", SUPERSUCKERS, „Alone and stinking", DAYGLO ABORTIONS, „Fuck, my shit stinks")
- **50g Pflanzenfett** (N.R.S.V., „Fabio (I can't believe it's not butter)", NOVOTNY TV, „Butterfahrt im Gaza-Streifen", Theme from „Fat Albert")
- **Salz** (NUISANCE, „Worth the salt", VERTIGO, „Salt mine")
- **weißer Pfeffer aus der Mühle** (THE PEECHEES, „Pepper", F.O.D., „Green pepper blues". Ja, ja, ich weiß, aber ich kenn nunmal keinen Song namens „White pepper blues", okay? Sue me!)
- **etwas frisch geriebene Muskatnuß** (VIOLENT CHILDREN, „United nutmeg", LINK WRAY, „Some kinda nut")
- **1 Ei** (EGGHUNT-EP, ALICE DONUT, „Egg", MEAT PUPPETS, „Huevos"-LP, BEASTIE BOYS, „Egg raid on Mojo" oder „Aglio E Olio"-LP)
- **150g Weizenmehl** (ED GEIN'S CAR, „Cream of wheat", UDO JÜRGENS + JAMES KRÜSS, „Es reift so viel Weizen")
- **2 Tomaten** (HOT TOMATOES-EP, EA 80, „Rot (kleine Farbenlehre)")
- **4 EL grob geriebener Parmesan** (DIESEL QUEENS, „I like cheese", STIKKY, „Cheese is fantastic", MOTO, „I am the cheese", TRAGIC MULATTO, „Mr. Cheese")

ZUBEREITUNG:

1. Quark gut abtropfen lassen (UNHERD, „Dripping", THE SWINGIN' NECKBREAKERS, „Shake it some more").
Spinat kurz blanchieren (DIESEL QUEENS, „Parlez vous pou-pou?"), abschrecken (THE AUTHORITIES, „Achtung!") und gut ausdrücken (RED C, „Pressure's on", LEGAL WEAPON, „Squeeze me like an anaconda"-LP).
Zwiebel und Knoblauchzehe schälen (SUBMISSION HOLD, „Garlic for victory", HEINTJE, „Deine Tränen sind auch meine", THE HARD-ONS, „I farted") und fein hacken (NOMEANSNO, „Theresa, give me that knife" bzw. „We are the chopped", OUT COLD, „Hacked to pieces").
2. Drei EL Pflanzenfett erhitzen (THE DEVIL DOGS, „30 Sizzling Slabs!"-CD, AGAINST, „Burned beyond recognition") und die Zwiebel- und

Knoblauchwürfel darin andünsten (THE QUEERS, „I can't stop farting", O.D.F.X., „Drop the A-bomb on me", MOB 47, „Nuclear attack").
Spinat dazugeben (DESCENDENTS, „Green", Theme from „Popeye") und etwa fünf Minuten garen, bis die Flüssigkeit verdampft ist (THE VAPORS, alles!, THEE HEADCOATS, „Ballad of the fogbound pinhead", HOT WATER MUSIC-CD).
Das Ganze mit Salz (HEADFIRST, „Driving the salt"), Pfeffer (PHIL GRAY, „Pepper hot baby") und Muskatnuß (HATES, „So what (if your mother kicks me in the nuts?)") abschmecken (OHIO EXPRESS, „Yummy yummy yummy").

3. Spinat pürieren (THE WAILERS, „Mashi", SCREAM, „Total mash", ILL REPUTE, „Monster mash") und mit Quark (WEDDING BELLS, „Happy cow", dabei „Fun With Milk & Cheese - Dairy Products Gone Bad"-Comic von Evan Dorkin lesen), Ei (ULTRAMAN, „Egg Boy", THE DICKIES, „Walk like an egg") und 125 g Mehl (FLOUR, alles!) gleichmäßig verrühren (CHUCK BERRY, „Around and around").
Aus der Masse Klöschen formen (GERMS, „Forming", STIKKY, „Senator Hart humped a dumpling"), diese im restlichen Mehl wenden (V.A. - "Turn it around"-Comp. 2x7", OFFENDERS, „Face down in the dirt").
4. Die Spinatgnocchi in kochendem Salzwasser (SSD, „Boiling point", YOUNG CANADIANS, „Question of temperature") etwa fünf Minuten ziehen lassen, bis sie an der Wasseroberfläche schwimmen (NAKED AGGRESSION, „They can't get me down", THE MUMMIES, „Come on up", TIKIS, „On the move", PROBLEMATICS, „Here we come", PERE UBU, „On the surface", THE SEEDS, „Do the swim", CAPITOL PUNISHMENT, „Poke me with a fork, I'm done").
Herausnehmen (THE STATICS, „Take me out"), abtropfen lassen (NIGHT-JARS, „Hang me out to dry") und warm stellen (NOTHING COOL, „Warm dry place", BORIS THE SPRINKLER, „Sheena's got a micro-wave", CHURCH POLICE, „The oven is my friend").

5. Die Stielansätze der Tomaten herausschneiden (MINUTEMEN, „Cut", SCREECHING WEASEL, „Stab stab stab"), das Fruchtfleisch entkernen und würfeln (AUS-ROTTEN, „The battlefield's still red", DIE RUHR-POTTKANAKEN, „Dat heitere Würfelsaufen"). Tomatenwürfel im restlichen Fett andünsten (PVC, „Steam", V.A. - „Fat! Fat! Fat!"-Comp.-LP, TERRORGRUPPE, „Dicke Deutsche") dann die Spinatgnocchi dazugeben (DIE KREUZEN, „Red to green", BIG BOYS, „Red/Green"). Die Gnocchi mit Parmesan bestreuen (STIKKY, „Cheese is still fantastic", im äußersten Notfall tut's als Substitut auch „Velveeta" von THE MR. T EXPERIENCE).

Fertig! Mmhhh, mmhhh, mmhhh, riecht das nicht absolut köstlich (SCHLONG, „The kitchen stink", THE STENCH, alles!, THE JON SPENCER BLUES EXPLOSION, „Skunk")? Noch kurz abschmecken

(THE MAKERS, „Let's have a taste", KAI RAY, „I want some of that", UNIFORM CHOICE, „No thanks") und dann straightamente den bereits völlig ausgehungerten Gästen servieren (SIEGE, „Starvation", THE ACCÜSED, „Starved to death", PAUL REVERE & THE RAIDERS, „Hungry", THE HI-FIVES, „I need your lovin' like a chicken needs an oven (when I'm a little bit hungry)", RHYTHM PIGS, „Choke on this").

• Dazu reicht man am besten etwas Weißbrot (PROPAGANDHI, „Who will help me bake this bread?", THE MAKERS, „White bread", VICTIMS FAMILY, „White Bread Blues"-LP, zweite Seite, F.Y.P., „Toilet Kids Bread"-LP, THE READY MEN, „Shortnin' bread", OBLIVIANS, „No butter for my bread", APOCALYPSE HOBOKEN... ähem... „Butter on the rim"), aber zur Not tut's auch ein Bier (und wenn dir jetzt nicht auf der Stelle mindestens 500 Punk-Songs zum Thema Bier einfallen sollten, dann möchte ich dich einmal ganz höflich fragen: WHERE THE FUCK HAVE YOU BEEN???

Übrigens: sollte es in der Küche mal wieder Ärger mit der Missis gegeben haben, dann empfiehlt sich ARTLESS, „Beer is better than girls are". Unsere drogenfreien Freunde dürfen, sofern sie nicht wieder beim Handrückenbekrakeln die komplette veganische Lebensmittelfarbenpalette des Hausherrn verplempert haben, GO!, „Milk", TEEN IDLES, „I drink milk", CRUCIAL YOUTH, „Just one beer" oder ARCHIE AND THE PUKES, „Straight edge people suck" auflegen).

Und dann ist es endlich soweit. Jetzt darf reingehauen werden (EATER, alles!, ALL YOU CAN EAT, alles!, GRIEVING EUCALYPTUS, „All you can eat", THE GO-NUTS, „Eat it all", FAT DAY, „Eat me", DESCENDENTS, „I like food", NERVOUS EATERS, „Get stuffed"), aber bitte immer schön auf die Etikette achten (SPIDER BABIES, „Don't talk with your mouth full", ADRENALIN O.D., „Bulimic food fight").

Sei versichert, daß der von dir zubereitete Gaumenschmaus allenthalben Begeisterungsstürme hervorrufen wird und deine Gäste es sich nicht nehmen lassen werden, dir ihre durchweg positiven Eindrücke umgehend mitzuteilen (THE STAND GT, „They're Magically Delicious"-LP, THE REZILLOS, „I like it", BLACKTOP, „I got a baaad feelin' about this"-LP, HAPPY FLOWERS, „I shouldn't have eaten that stuff", QUINCY PUNX, „Blowin' chunks", CRUDE SS, „Who'll survive", NEGATIVE APPROACH, „I'll survive", OUT COLD, „Watch you die a sick death", RAMONES, „Here today, gone tomorrow").

Gratulation! Dank deiner köstlichen Spinatgnocchi verbringen alle Anwesenden einen rundum gelungenen Abend (POISON IDEA, „Don't like it here", DEAD SILENCE, „Wasted time", FAITH, „Nightmare", BLACK FLAG, „Depression", BAD BRAINS, „House of suffering") in dessen Verlauf so manch interessanter Gedankenaustausch stattfindet (MINOR THREAT, „I don't wanna hear it", COSMIC PSYCHOS, „Shut up", THE UNTOUCHABLES, „I hate

you", ANTISEEN, „Fuck all y'all", ANGRY SAMOANS, „You stupid asshole", THE RIP-OFFS, „You're ugly") und auch der eine oder andere amüsante Scherz gemacht wird (STIKKY, „You're not funny", HÜSKER DÜ, „It's not funny anymore", BLACK FLAG, „I've heard it before", ROCKS, „You're so boring", PAGANS, „Give up"). Leider, leider vergeht die Zeit aber mal wieder wie im Fluge, so daß man sich eigentlich viel zu früh (DEFIANCE, „How much longer", P.P.G., „Will it ever end", THE GORIES, „I think I've had it", FEAR, „We gotta get out of this place") und schweren Herzens voneinander verabschieden muß (THE VINDICTIVES, „Get lost", SUPERCHARGER, „Get out of my house", BORIS THE SPRINKLER, „Get outta my life", HÜSKER DÜ, „Never talking to you again", RAMONES, „Glad to see you go", BAD BRAINS, „Leaving Babylon").
Aber zum Glück gibt es ja immer ein nächstes Mal (THE KIDS, „There will be no next time", FALSE PROPHETS, „Never again, again").

The End (DISCHARGE).

SPAGHETTI A LA PUNKROCK

von Mike/Rabauz Rec.
Musik: Ramones „It's Alive"

- **200 g Käse (Frischer Holländer)**
- **450g Rahmspinat aus der Tiefkühltheke**
- **1 große Zwiebel, feingehackt**
- **Salz, Pfeffer, Margarine**
- **500g Spaghetti**
- **1 Becher süße Sahne**

1. Nudeln in genügend Salzwasser bißfest kochen.
2. Margarine in einem Topf erhitzen und die Zwiebel darin leicht anbraten.
3. Anschließend den unaufgetauten Rahmspinat dazugeben. Wenn der Spinat aufgetaut, bzw. fertig gekocht ist, gießt ihr einen Becher Sahne dazu und würzt das Ganze gut mit Salz und Pfeffer. Als letztes noch geraspelten Käse drüber und gut umrühren.
4. Zum guten Schluß Spaghetti auf vier Teller geben, Spinatsoße drüber und mit geraspeltem Käse bestreuen.

- Kühles Pils kommt dazu nicht schlecht.

KAROTTEN IN PIKANTEM MANTEL

Le Carottes e la lequer coati

von Tom Tonk

- **1 kg Karotten**
- **1 EL Margarine**
- **1 TL Zucker**
- **Salz**
- **250g Mehl**
- **4 Eier**
- **1/2 l Milch**
- **Muskat, Petersilie**
- **4 EL Öl,**
- **2 Käsescheiben**

Die herkömmliche Möhre ist doch was Feines. Bei Aldi gibt's den Sack mit mehreren Kilokarotten schon für zwei Mark und wenn man vom Bruttogewicht das nicht eßbare Brimborium (Umverpackung, Stengel, Blätter, Blödsinn) abzieht, bleibt immer noch eine Menge übrig zum Draufrumkauen. So'n Möhrchen ist wirklich der ideale Pausensnack und man kann ihn oder sie immer locker zwischen Müllraustragen und Flurwoche einschieben. Auf diese Weise tut man übrigens auch was für seinen knusprigen Teint wegen dem ganzen Carotin, was Möhre beim Verzehr im Körper ausscheidet. Ganze Hektometer von Hautpigmenten verändern plötzlich ihre Gesinnung, werden braun und man kann sagen „Drei Wochen Bahamas, na und?!".

1. Die kultivierte Karotte wird natürlich im Sitzen verputzt. Während unsere Assistentin also schon mal das Tischchen deckt, wenden wir uns einer besonderen Art der Zubereitung der Rotfrucht zu: Dem Warmmachen. Zunächst mal werden mehrere Möhren gepellt und von ihren Schuppen befreit. Den nackten Stengel dann bitte in Scheiben schneiden und dabei besser an was anderes denken. Am besten Musik anmachen. Der Chefkoch empfiehlt „Rabbit" von CHAS & DAVE oder „Carrots Of Fire" von SLAYER, SCORPIONS oder so'n Gedöns.

2. Wer bei dem Krach weiter arbeiten kann, bittesehr: Das heißgemachte Öl vor der Verpuffung mit dem Teelöffel Zucker bewerfen. Der, aber das ist höhere Chemie, saugt das Öl mit allen verfügbaren Molekülen auf und der Zucker wird gelb, als hätte man draufgepißt. Um diesem beeindruckenden Naturschauspiel ein Ende zu setzen, geben wir jetzt das Gehacktes (gemeint sind natürlich die verstümmelten Ex-Erdstangen) dazu, kippen eine halbe Tasse Wasser hinterher und streuen gutes Salz über den Pamp wegen der Rutschgefahr. Jetzt zudecken mit einem passenden Deckel und warten, was passiert.

3. Auf einer vorher präparierten Arbeitsfläche wird nun ein Teig zubereitet, der in erster Linie aus Mehl, Eiern, Milch, Muskat (bitte die Dosierung dieses Gewürzes nicht übertreiben - gilt aber nur für nicht ganz lattendichte Männer) und schon wieder Salz besteht.

4. Eine Pfanne muß her, denn wir wollen Öl braten. Den Teig bitte wie eine Pizza formen und in die arme Pfanne hineinbugsbunnyren. Also geht in die Küche, spielt das Spiel und Ihr werdet sowas Ähnliches wie Pfannkuchen erhalten. Höchste Zeit, die Musik zu wechseln und die Hiffi-Anlage mit „Cheesecake" von AEROSMITH zu füttern. Wieso jetzt auf einmal „Cheesecake"? Gute Frage. Wollen wir nur hoffen, daß Euer Stück Pfannentorte nicht so alt schmeckt wie das Stück Rockgeschichte von 1974, aber falsche Bescheidenheit oder gar Angst gehören nicht in die Küche. Auch wenn das runde Etwas in Eurer Pfanne tüchtig zerbeult oder gar angegriffen aussehen sollte - wir sind hier nicht in Brucklinn, Bruckhausen oder Buddenbruck, meine Damen und Herren!

5. In den inzwischen völlig vernachlässigten ersten Topf mit den sich langweilenden Möhren-Pieces geben wir etwas Petersilie hinein, drehen ein paar Runden mit dem Kochlöffel und tun einen Teil der vor sich hinköchelnden Rot-Grün-Koalition auf einem separaten Teller in den inzwischen fertig gebratenen Pfannkuchen einrollen.

6. Die Pizza Calzone nach „Arme-Leute-Art" nun zur Feier des Tages mit Käsestreifen garnieren, in den Backofen schieben und kurz überbacken - fettich!

- Dazu reichen wir eine gute Büchse Hansa-Pils und ein Al Bundy-Video mit fünfzigtausend sehr alten Folgen. Beendet wird der gesellige „Duisburger Abend" mit einem aufrechten Gang zu Bette. Glückauf!

SCHAFSKÄSE IN DER PFANNE

€ 🕐

Musik: Hip Young Things „Ventilator"

für 2 Menschen:

- **2 rote Paprika**
- **1 Stange Lauch**
- **3 Eier**
- **4 EL Schlagsahne**
- **150g Schafskäse**
- **Salz, Pfeffer, Paprika**
- **1 EL Butter oder Margarine**

1. Paprikaschoten vom Stielansatz und den Kernen befreien, waschen und in feine Streifen schneiden.

2. Lauch putzen, der Länge nach halbieren und waschen, anschließend trockentupfen und in feine Ringe schneiden.

3. Jetzt die Eier mit der Sahne verquirlen und gut würzen. Den Schafskäse zerbröseln und zur Seite legen.

4. Nun das Fett in einer Pfanne erhitzen und dann Paprika und Lauch darin kurz andünsten.

5. Danach die Eiermatsche drüberkippen und den Schafskäse oben drauf. Nicht umrühren, sonst... Deckel auf die Pfanne und bei schwacher Hitze stocken lassen (solange warten, bis die Masse in der Pfanne fest geworden ist). Aaahh - das schmeckt!

- Perfekt dazu ist Brot und Salat.

TOFU IN DISKURS MIT MANGOLD-GEMÜSE

Musik: Eleventh Dream Day „Eight"

für 2 Hunger:
- **200g Tofu**
- **3 EL Olivenöl**
- **4 EL Sojasoße**
- **Saft von 1/2 Zitrone**
- **1/2 TL (Kräuter-)Salz**
- **1 Knoblauchzehe, gepresst**
- **ca. 400g Mangold**
- **1/2 Zwiebel, fein gewürfelt**
- **1 Knoblauchzehe, fein gehackt**
- **1 EL Butter oder Margarine**
- **1/2 TL gekörnte Gemüsebrühe**
- **100 ml Sahne (evtl. veganes Produkt)**
- **1 Messerspitze Muskat**
- **Salz, Pfeffer**
- **etwas Vollkornweizenmehl**

1. Achtung! Einige Stunden vor dem Kochen den Tofu in ca. 1/2 cm dicke Scheiben schneiden und dann die rechteckigen Stücke in jeweils zwei Dreiecke teilen.
2. Olivenöl, Sojasoße, Zitronensaft, Salz und zerquetschten Knoblauch zu einer Marinade verrühren. Den Tofu reinlegen und ab und an umdrehen.
3. Den Mangold in die einzelnen Blätter zerlegen und dann die Stiele von den grünen Blättern abschneiden. Die Stiele in kleine, ca. 1 cm große Würfel, die Blätter in 1 cm breite Streifen schneiden.
4. In einem Topf Zwiebeln und Knoblauch in Butter oder Margarine glasig dünsten.
5. Parallel dazu den Tofu samt Marinade in einer Pfanne von beiden Seiten anbraten.
6. Jetzt die Mangoldstiele zu der Zwiebel-Knoblauchmischung geben und ebenfalls andünsten bis sie bißfest sind. Die gekörnte Brühe in 5 El heißem Wasser auflösen und dazugießen. Jetzt noch die Blätter rein und solange dünsten, bis sie etwas zusammenfallen.
7. Zum Schluß die Sahne mit der gleichen Menge Wasser mischen und in die Gemüsemischung kippen. Mit den Gewürzen abschmecken und etwas Vollkornweizenmehl dazugeben, damit die Soße etwas eindickt.
8. Fertig!

- Dazu passen gut Bratkartoffeln, Reis oder Baguette.

GRÜNE TAGLIATELLE MIT LINSENSAUCE

von Marc/Ox-Team
Musik: Ich empfehle das neue Johnny Cash Album „Unchained". Schön laut drehen und beim Kochen mitsingen! (Motzt da etwa eine(r) von wegen nix Punkrock oder was?)

- 500g grüne Tagliatelle (gibt's auch ohne Ei!)
- einen guten Stich Margarine, für Nicht-Veganer ist Butter besser
- ordentlich Olivenöl
- 250g rote Linsen (aus'm türkischen Supermarkt, viel Eiweiß und Vitamin B)
- 1 große Dose geschälte Tomaten
- 2 Zwiebeln
- Knoblauch, soviel, wie Du magst...
- 1/2 TL gemahlener Zimt
- Salz, schwarzer Pfeffer
- 1 TL Basilikum
- 1/4 Liter Wasser oder Rotwein
- wer will: Parmesan nach Belieben

1. Linsen gut abbrausen, Zwiebeln fein hacken und diese im Öl ca. 10 min glasig dünsten.
2. Linsen, Inhalt der Tomatendose, Flüssigkeit, zerdrückten Knoblauch und die anderen Gewürze (auch den Zimt) dazu geben, alles gut miteinander vermischen (die Tomaten zerkleinern) und kurz aufkochen lassen.
3. Anschließend ca. 20 min. bei geringer Hitze köcheln lassen, bis die Linsen weich sind. Bei Bedarf ruhig noch Wasser/Wein nachgießen und nachwürzen.
4. In der Zwischenzeit Nudeln kochen, abgießen und mit Margarine/Butter, Pfeffer und Salz gut vermischen.
5. Wenn Soße fertig, dann über die Nudeln gießen und alles gut vermischen. Fertig!

- Dazu paßt prima ein grüner Salat, ist auch gut weil wegen die frischen Vitamine und so.

SCHNELLE GEMÜSEPFANNE

von Angela & Wolfgang,
New Lifeshark Rec.
Musik: Rocket From The Crypt
„Scream, Dracula, Scream"

für 2-3 Menschen:
- **2-3 Gemüsetomaten oder 5 kleine Tomaten**
- **8-10 eingelegte Peperoni**
- **1 Kelle Oliven, grün und mit Paprika gefüllt**
- **200g Schafskäse**
- **1 Zwiebel (wer es mag)**

1. Eine flache Auflaufform mit Olivenöl einpinseln. Die Tomaten in Scheiben schneiden, in die Form schichten und nach Belieben mit Salz, Pfeffer und Oregano würzen.
2. Als nächstes die Zwiebeln kleinschneiden und zusammen mit den Peperoni und Oliven auf den Tomaten verteilen.
Zum Schluß den Schafskäse in Streifen schneiden und das Gemüse damit belegen.
Den Backofen auf 200° C anschmeißen und den Auflauf darin ca. 25-30 min. backen.

- Dazu paßt am besten Fladenbrot.

ZITI

von Karen Kennedy
Musik: Ich bevorzuge etwas „Tanzbares", damit es mehr Spaß macht, am Herd zu stehen (z.B. Richies oder Mr. T. Experience)

- **250g Pasta (Röhrchen oder Spiralen)**
- **365g Raguletto mit Knoblauch und Zwiebeln (ist ´ne fertige Nudelsoße)**
- **250g Ricotta-Käse (gibt´s im italienischen Lebensmittelladen oder in größeren Supermärkten)**
- **1 Ei, mit einer Gabel verquirlt**
- **1 TL Salz**
- **2-3 EL geriebener Parmesan**
- **1 Packung Mozarella**

1. Als erstes werden die Nudeln bißfest gekocht - nicht verkochen lassen, denn sie werden nachher noch überbacken!
2. In der Zwischenzeit Ricotta, verrührtes Ei, Salz und Parmesan gut miteinander vermischen.
3. Eine Auflaufform ausfetten und dann habt ihr zwei Möglichkeiten: Entweder vermischt ihr alle Zutaten (bis auf den Mozzarella) miteinander und schmeißt alles in die Auflaufform, oder ihr schichtet Nudeln, Tomatensoße und Käsemischung abwechselnd übereinander. Letzte Schicht sollte in beiden Fällen Tomatensoße sein.
4. Ganz zum Schluß kommt obendrauf der Mozzarella. Ab damit in den Ofen und bei ca. 180-200° C solange drin lassen, bis der Käse Blasen wirft und geschmolzen ist (dauert ca. 25-30 min.).
Enjoy it!

ZUCCHINIGEMÜSE

von Philipp/Boxhamsters
Musik: Etwas von Recharge, und Social Distortion „White Light, White Trash, White Heat"

bemessen für zwei Zwergenpersonen:
- **1 große Zucchini**
- **Mehl**
- **3 Knoblauchzehen**
- **Salz, Pfeffer, Thymian und Oregano**
- **1 Becher Reis**

Hier also ein kleines vegetarisches Gericht von einem Auch-Fleisch-Esser. Nachdem man von der Maloche kommt, geht man in die Karstadt-Lebensmittelabteilung (voll pc!) und kauft sich für Geld eine Zucchini. Dann geht man nach Hause und legt erstmal RECHARGE auf.
1. Nachdem man richtig druff ist, wäscht man die Zucchini und schneidet sie längs in Streifen (oder quer in Scheiben). Dann die Teile in Mehl wenden (wirkt wie paniert). Zum Kochen am besten Social Distortion („Dear Lover" und so...) und die Regler nach rechts (auch die von der Herdplatte!).

2. Zwischendurch auch den Reis machen (1 Becher Reis auf 2 Becher Wasser - oder 2 Beutel Uncle Ben's Reis).
3. Zucchinistreifen in reichlich heißem Fett braten, ab und zu wenden und aufpassen, daß es net anbrennen tut. Viel Knobi in die Pfanne (3 Zehen kleingeschnitten oder durch die Presse gedrückt - aber ohne Keimling) dazu. Und wenn's fertig ist, essen.
4. Man muß natürlich versuchen, daß der Reis gleichzeitig fertig wird. Die Zucchinis je nach Geschmack mit Salz, Pfeffer, Thymian und Oregano würzen.

- Am besten schmeckt das Gericht samstags um sechs bei RAN, wenn Bayern verliert und wenn vor der Tür gerade ein Inline-Skater auf die Fresse gefallen ist. O.k., das wär's. Das nächste Mal sag ich euch, wie man am leckersten Kalbsleber zubereitet (mit Zwiebeln und so, aber ohne Apfelscheiben, gelle Co und Bernd!)

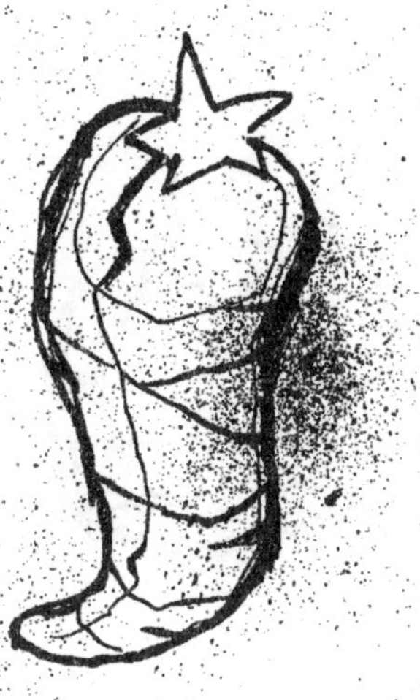

SCHARFES ZUCHINIGEMÜSE

von Christine aus Berlin
Musik: Ox-Goodies #25-Cassette

- **500g Zucchini**
- **Thymian, Salz, Pfeffer, Cayennepfeffer**
- **3 EL Sojasoße**
- **1 EL Honig**
- **Öl**
- **250g Reis**
- **1-2 EL Curry**
- **1/2 l Gemüsebrühe**
- **Butter oder Margarine**
- **1 Zwiebel**

1. Zucchini waschen und in dünne Stifte schneiden, in der Sojasoße, dem Cayennepfeffer und dem Honig ca. 20 min. marinieren.
2. Währenddessen Zwiebel kleinschneiden, in Butter oder Margarine anbraten, Reis und Curry dazu und mit der Gemüsebrühe aufgießen. Aufkochen und danach auf kleiner Flamme quellen lassen.
3. Gemüse mitsamt der gewürzten Soße in ein bißchen Öl anbraten, mit Thymian abschmecken und evtl. nachwürzen - muß richtig stark gewürzt sein!
4. Wenn der Reis fertig ist, wird er zusammen mit dem Gemüse auf den Tellern angerichtet.

- Das Gemüse kann mann man/frau auch gut zu Nudeln essen - oder zu angebratenem Tofu.

PIZZA, WIE SIE DER PUNKROCKER MAG

von Jörg
Musik:
Angeschissen/Das Moor-Split-LP

für 1 Blech:
- **500g Mehl**
- **1 Päckchen Trockenhefe**
- **1 TL Salz**
- **50-100 ml Milch**

für die Soße:
- **1 große Dose geschälte Tomaten**
- **1/2 Tube Tomatenmark**
- **1 Stich Butter**
- **Salz, Pfeffer, Paprika, Oregano**

für den Belag z.B.:
- **Paprika, in Sreifen geschnitten**
- **Pilze, in Scheiben geschnitten**
- **frischer Spinat**
- **Ananasstücke aus der Dose**
- **Spargel, Broccoli, Zwiebeln...**
- **viel Käse**

1. Aus Mehl, Hefe und Salz mit den Händen, der Küchenmaschine oder den Knethaken des Handrührgeräts einen Teig kneten. Milch dazu, nochmal durchkneten und evtl. etwas Wasser nachgießen. Der Teig sollte geschmeidig sein und NICHT an den Händen kleben (sonst evtl. noch etwas Mehl dazu). Den Teig in der Schüssel 1 Stunde an einem warmen Ort gehenlassen. Schüssel mit einem feuchten Tuch abdecken.
2. In der Zwischenzeit könnt ihr schon mal die Tomatensoße machen. Strunk aus den Tomaten entfernen und pürieren. Tomaten, Butter und Tomatenmark in einem Topf erhitzen und mit Salz, Pfeffer, Paprika und Oregano abschmecken. Aufkochen lassen.
Für die Pizza reicht die Hälfte der Soße; die andere Hälfte kann man/frau für die nächste Pizza einfrieren.
3. Hat sich der Teig verdoppelt, legt ihr Backpapier auf ein Backblech und rollt den Pizzateig darauf gleichmäßig aus. Dann verteilt ihr darauf schön die Soße und nach Lust und Laune wird die Pizza dann mit Gemüse belegt. Zum Schluß noch etwas Oregano und jede Menge Käse drüber und ab in den Ofen damit.
4. Bei 190° C so lange backen, bis der Käse Blasen wirft oder der Rand der Pizza braun wird.

- Wer die Pizza etwas deftiger mag, kann über den Käse noch etwas Esrom-Käse geben.

Wer die „gesunde" Variante bevorzugt, kann ja mal unsere leckere Vollkornpizza anchecken. Wichtig ist dabei, daß ihr Hartweizengries nehmt, denn der macht den Teig schön knackig!

EAT-NO-SHIT-PIZZA

Musik: Negazione
„Sempre in bilico"

für 1/2 Blech (2 grooße Hunger) und Pizzabrötchen:

- **500g Hartweizengries (gibt's im Ökoladen)**
- **1 Päckchen Trockenhefe**
- **300 ml Wasser**
- **1/2 TL Honig**
- **2 TL (Kräuter-)Salz**
- **5 EL Olivenöl**

für die Soße:

- **1 große Dose geschälte Tomaten**
- **1 EL Tomatenmark**
- **1/2 TL Zucker**
- **frisches Basilikum oder getrocknetes Oregano**
- **Salz und Pfeffer**

für den Belag:

- **Auberginenscheiben, in Olivenöl etwas angebraten**
- **in Streifen geschnittene Paprika**
- **frische Champignons, in Scheiben geschnitten**
- **frischer Spinat oder Mangold, mit etwas Knoblauch angedünstet**
- **viel geriebener Käse**

1. Zuerst rührt ihr die Trockenhefe mit Honig und ein bißchen Gries in dem Wasser an und laßt das Gebräu 10 min. vorsichhinschäumen.

2. Dann den Gries in eine Schüssel geben, eine Mulde reindrücken, Flüssigkeit reinschütten und mit einem Löffel nach und nach mit dem Gries vermischen. Solange kneten, bis sich ein geschmeidiger Teig gebildet hat (Muckies sind hier gefragt!).

3. So - jetzt könnt ihr den Teig entweder auf eine bemehlte Arbeitsfläche hiefen oder ihr knetet einfach in der Schüssel weiter (muß sein!). Sollte der Teig kleben, könnt ihr etwas Olivenöl dazugeben und in den Teig „einarbeiten".
Seid ihr mit euren Kräften am Ende, legt ihr den Teig in eine Schüssel und deckt sie mit einem Tuch zu. An einem warmen Ort ca. 1 Stunde gehenlassen.

4. Ist die Stunde vorbei, nehmt ihr den Teig aus der Schüssel, legt ihn auf eine bemehlte Arbeitsfläche, bestreut ihn mit Salz und knetet ihn nochmal durch.

5. Ofen Auf 250° C anwerfen.
Jetzt ein Backblech mit Backpapier auslegen und die Hälfte des Teiges darauf dünn ausrollen. Aus der anderen Hälfte formt ihr die Brötchen und setzt sie auf's Blech.

6. Als nächtes wird die Tomaten-Soße auf den Teig gestrichen, dann das Gemüse draufgepackt und zum Schluß fett Käse drüber. In den Ofen damit und ca. 20 min. drinlassen - oder solange, bis die Teigränder leicht braun werden.

- Die Menge reicht für vier, wenn ihr keine Pizzabrötchen macht.

Auch klasse ist 'ne Quiche, ist sowas ähnliches wie Pizza, aber mit einem anderen Teig und viel Gemüse. Vorteil: Schmeckt auch kalt superlecker. Es gibt hierfür ein Grundrezept, das ihr nach Lust und Laune variieren könnt, je nachdem, was grade im Kühlschrank ist. Wir stehen am meisten auf die Kombination Möhren-Zucchini-Broccoli.
(Für Anouschka/Thunderbaby Rec.)

OX-QUICHE

Musik: Trashing Groove „Ichtyphobia"

für den Teig:
- **200g Weizenvollkornmehl**
- **3 EL Wasser**
- **1/2 TL Salz**
- **120g Butter oder Margarine**

für den Belag:
- **3-4 große Möhren, schälen, in 4 cm lange Stücke schneiden und diese der Länge nach vierteln (war das jetzt zu kompliziert??)**
- **1 große Zucchini, waschen und in ca 1/2 cm dicke Scheiben schneiden**
- **500g Broccoli, in Röschen zerteilt und gewaschen**

für die Soße:
- **2 Becher Schmand**
- **3 Eier**
- **Salz, Pfeffer, 8-Kräuter aus der Tiefkühltruhe**

- **etwas geriebenen Gouda**

1. Als erstes wird der Teig gemacht, da er so 'ne halbe Stunde in den Kühlschrank muß. Dazu packt ihr die Teigzutaten in eine Schüssel und verknetet diese mit den Händen zu einem Teig. Den wickelt ihr dann in Frischhaltefolie ein und legt ihn in den Kühschrank. Danach könnt ihr euch in aller Ruhe dem Belag widmen.
2. Wenn ihr das Gemüse geschnibbelt habt, kocht ihr es in Salzwasser bißfest. Am besten die verschiedenen Sorten nacheinander, da sie verschieden lange Garzeiten haben.
3. Habt ihr das geschafft, könnt ihr die Soße-Zutaten in einen Rührbecher schütten und alles gut durchrühren und würzen. Hier bitte nicht so sparsam sein.
4. Mittlerweile dürfte die 1/2 Stunde vergangen sein und ihr könnt euch an den Teig ranmachen. Ihr nehmt eine Kuchenspringform, fettet diese ein und drückt darin den Teig platt und zwar so, daß am Rand ein 2 cm hohes Stück hochgezogen werden kann, sonst läuft nämlich die ganze Soße in den Ofen (Backofenputzen ist nach Fenster putzen so das Ätzendste was es gibt!). Das Ganze sieht also aus wie ein Kuchen.
5. Wenn ihr das geschafft habt, wart ihr schon ziemlich gut und dürft jetzt den Boden mit dem Gemüse belegen. Dabei das Gemüse leicht andrücken, so daß keine allzu großen Lücken da sind. Zum Schluß noch die Soße drübergießen und mit ein bißchen geriebenem Gouda bestreuen. Jetzt ab damit in den Backofen und auf der mittleren Schiene bei 200° C 30-35 min. backen.

6. Ist die Quiche fertig, muß sie nur noch aus der Backform gezaubert werden. Das geht am besten, indem man/frau zuerst mit dem Messer den Teig vom Rand der Form löst und dann erst die Form öffnet. Wart ihr kreativ genug, zeigt sich euch beim Anschneiden ein wunderschönes Kunstwerk. Und wie gesagt: schmeckt auch kalt äußerst genial!

COSTA CORDALIS

Musik: Sonic Youth „Evol"

für 2-3 Menschen:

- **1 Paket Tiefkühlblätterteig**
- **1 Paket Tiefkühlblattspinat (300g) aufgetaut oder frischen Blattspinat**
- **1 größeres Stück Schafskäse**
- **1 kleine Zwiebel, fein gewürfelt**
- **1 Knoblauchzehe, auch fein gewürfelt**
- **Olivenöl**
- **Salz, Pfeffer**

1. Zu allererst nehmt ihr den Blätterteig aus der Tiefkühltruhe und laßt ihn ca. 10 min. auf einer bemehlten Arbeitsfläche auftauen (Scheiben nebeneinander legen).
2. In der Zwischenzeit könnt ihr schon mal den Spinat zubereiten. Einfach Zwiebeln und Knoblauch in einer Pfanne mit Olivenöl andünsten, Spinat dazu und ein paar Minuten mitbrutzeln (egal, welchen Aggregatzustand der Spinat vorher hatte) und würzen.
3. Jetzt pinselt ihr eine Auflaufform mit Olivenöl aus und beginnt damit, den Blätterteig Stück für Stück dünn auszurollen (ca. 3 mm). Am besten halbiert ihr dafür die Teigplatten.
4. So, dann könnt ihr schon mal die erste Schicht Blätterteig in die Form legen. Nächste Schicht ist etwas Spinat und zerbröselter Schafskäse. Dann wieder Blätterteig, Spinat, Schafskäse, Blätterteig, Spinat...
Das macht ihr solange, bis nur noch eine Schicht Blätterteig über ist - die bildet nämlich sozusagen den krönenden Abschluß. Also: drauf mit dem Teig, etwas an den Kanten andrücken und mit Olivenöl bestreichen. Fertig.
5. Den Backofen auf 200° C stellen, Form rein und ca. 20 min. warten, bis die Oberfläche leicht gebräunt ist. Dann rausnehmen, etwas abkühlen lassen und anschließend portionieren.

- Schmeckt kalt beinahe noch besser... (falls was übrigbleiben sollte).
- Übrigens: man/frau kann aus diesem Rezept auch gut gefüllte Teigtaschen oder Hörnchen machen - klasse für Parties und so.

ÜBERBACKENER SCHAFSKÄSE

von „Bruder Max“,
Quasi Modo-Zine
Musik: Negazione „Little Dreamer“

- **1kg Schafskäse (nicht zu fest)**
- **1-2 Fladenbrote**
- **8 Tomaten**
- **Gewürze:**
- **Paprika oder Curry, Pfeffer, Basilikum, Thymian, Chili (wenn man´s scharf mag) und Oregano**
- **nach Lust und Laune Peperoni, Oliven, Zwiebeln, Paprika, Gurken und Champignons**

1. Den Schafskäse in ca. 1/2cm dicke Scheiben schneiden, auf den Boden einer etwas kleineren Auflaufform legen, bis überall 2 oder 3 Schichten liegen. Zwischendurch imer wieder etwas mit den Gewürzen bestreuen.
2. Danach Tomaten vierteln oder sechsteln, diese dann auf den Schafskäse eng aneinander an den Rand legen. Jetzt weitere Zutaten in der Mitte auf dem Schafskäse verteilen, aber nicht zu dick. Würzen.
3. Danach die Form bei 200-225° C solange im Ofen lassen, bis der Schafskäse am Blubbern ist oder die Tomaten knusprig werden.
4. Fladenbrot auch in den Ofen legen und vierteln. Danach das Fladenbrot in den hoffentlich flüssigen Schafskäse tunken und mit der Gabel die größeren Stücke herauspicken.

- Joachim und ich (Uschi) haben das Rezept letztens ausprobiert - und was soll ich sagen? Mmmmhhh... schmeckt total genial! Die Menge ist allerdings ziemlich reichlich; wir hatten zu zweit 300g Schafskäse und das hat eigentlich vollauf genügt.

KRETISCHE KARTOFFELN MIT BOHNEN

Musik: Free Yourself
„Antar Ma Una“

- **5 große Kartoffeln (am besten mehlig kochende)**
- **1 Paket tiefgefrorene Brechbohnen (sind ca. 300g), frische sind natürlich noch besser, aber sooo viel Arbeit...**
- **1 Zwiebel**
- **Olivenöl**
- **Tomatenmark**
- **ca. 300 ml Gemüsebrühe**
- **eine Prise Dill**
- **Salz, Pfeffer, ein Hauch Knoblauch (Wie poetisch ...)**

1. Kartoffeln schälen, danach achteln, so daß orangenschnitzähnliche Gebilde entstehen.
2. Zwiebel würfeln und in reichlich Olivenöl andünsten, Kartoffeln dazu und 5-10 min. mit anbraten.
3. Dann die unaufgetauten Bohnen und 1 EL Tomatenmark dazu, mit ca.

300 ml Gemüsebrühe aufgießen (das Gemüse sollte beinahe bedeckt sein) und köcheln lassen. Solange blubbern lassen, bis das Gemüse weich aber noch bißfest ist (dauert ca. 15-30 min.). Gut würzen.

- Dazu paßt bestens Baguette und ein süffiger Primeur (ist ein junger Rotwein, ihr Dilettanten).
- Ach ja - dieses Gericht kann prima aufgewärmt werden.

ASIATISCH-HOLLÄNDISCHE-FREUNDSCHAFT

von William/Funeral Oration
Musik: Throwing Muses
„Limbo"-CD

Aufwachen, TV ausschalten und ab in die Küche. Gestern hättest du schon einkaufen gehen sollen. Etwas essen kann ja so einfach und gleichzeitig auch unkonventionell sein. Ich mache alles mit Absicht ein bißchen kompliziert.

1. Reis kochen: Viel Wasser zum Kochen bringen, Reis reinschütten und ungefähr 7 min. kochen lassen. (ich gehe von weißem Reis aus) Nicht überkochen lassen, sonst gibt es Probleme. Überprüfen und abgießen. Den Topf in alte Bild-Zeitungen einpacken, dann bleibt der Reis schön warm.

2. Für die folgende Kochrunde sollte man vorher ein Spezialgeschäft aufsuchen - so mit Import-Sachen. Ich meine keine holländischen Wasserbomben, sondern asiatische Gemüsesorten. Nur die Holländer mit ihrer Kolonialgeschichte können sich so ein Rezept ausdenken... Das Gemüse, das ihr kaufen solltet, nennt man Paksoi und wird in Holland gezüchtet; es ist eine Mischung aus Endivie und Grünkohl. Ihr könnt die ganze Staude benutzen.
3. Schneide alles in nicht zu kleine Stücke, ungefähr so breit wie eine Briefmarke und so lang wie eine Zigarettenschachtel. Auch die härteren Stücke verwenden. Alles in Olivenöl braten - auf holländisch sagt man „roerbakken". Aber nicht zu lange; ungefähr 7 min. - das Gemüse soll ja nicht zu weich werden.
4. Gleichzeitig eine große gewürfelte Tomate und eine Packung Tomatenmark einrühren. Mit Sojasoße würzen.
Essen soll man das Gemüse mit dem Reis nebeneinander. Extra schmackhaft wird es mit Sambal Badjak, einer milden Variante von Sambal Oelek.

- Sowas wie Suppe oder Dessert sind nicht vorgesehen. Einzelgänger können aber Erdnußsuppe und Vanillevla (holländischer Pudding) zubereiten. Trinkt zum Essen Mangosaft, keinen Alkohol. Ihr müßt alles aufessen, denn Aufwärmen ist nicht möglich.
- Paksoi kann durch Chinakohl ersetzt werden.

Aus dem Kurzzeit-Exil am Gardasee schickte uns Kirsten eines ihrer immerhin drei(!) vegetarischen Rezepte, mit denen sie mich in Berlin beglückt hat:

MALCESINER SPINATAUFLAUF

E

von Kirsten/Ox-Team
Musik: Zum Essen was Schmalziges, also Opaz „When I'm Making Love"

- **300g Blattspinat, tiefgekühlt**
- **250g grüne Spaghetti**
- **250g süße Sahne**
- **200g geriebener Emmentaler**
- **1 Prise Muskatnuß**
- **Salz**

1. Spaghetti in Salzwasser bißfest kochen.
2. In der Zwischenzeit wird der Spinat mit heißer Musik aufgetaut: Gut geeignet wäre da z.B. „Runaway" von Nuyorican Soul, hervorragend interpretiert von La India. Nebenbei könnt ihr dann schon mal eine Auflaufform ausfetten und die erste Flasche Wein öffnen.
3. Sind Spinat und Nudeln fertig, werden sie zusammen mit der Sahne in die Auflaufform gebettet - das Würzen nicht vergessen! Zum Schluß Käse obendrauf und ab damit in den Ofen.
Bei 200° C ca. 25 min. überbacken mit Jimmy Tenors „Intervisions". Mein Jimmy Tenors-Liebling, den man auch gut zum Spaghetti-Brodeln hören kann, ist übrigens „Sugar Daddy".
4. Ist der Käse leicht gebräunt, könnt ihr diese Delikatesse verspeisen. (Kirsten und ich waren dann meist schon bei der zweiten Flasche Rotwein angelangt und es wurde wie immer ein kurzweiliger Abend.)

GARLIC NOODLES
Spaghetti al'Aglio mit Spinatsalat

E

von Pothead
Musik: Tomasio Albinoni „Adagio In 6 Minor For String And Organ" (arr.: Remo Giazotto)

für die Nudeln:
- **Olivenöl**
- **500g Spaghetti**
- **3-6 scharfe ganze Chilischoten**
- **1 ganze Knoblauchknolle**
- **1/4 -1/2 Bund Petersilie**
- **Salz und Pfeffer**
- **1 Glas grüne oder schwarze Oliven**
- **1-2 Flaschen Chianti**

für den Salat:
- **ca. 800g frischen Spinat**
- **ca. 600g Kartoffeln**
- **2 Packungen Mozzarella (evtl. weglassen)**
- **3 Zitronen**
- **viel Salz**
- **50g italienische Kräuter**
- **Olivenöl**

- **1 TL Senf**
- **1 TL Zitronensaft**
- **Salz und Pfeffer**
- **1 Knoblauchzehe**

Zuerst solltest du den Wein öffnen und in die Gläser füllen. Als nächstes fülle die Oliven in eine Schale - das wäre dann deine „Antipasti". Schalte die Musik an, trinke etwas Wein und esse ein paar Oliven. Jetzt bist du zum Kochen bereit:
1. Als erstes einen großen Topf mit gesalzenem Wasser aufsetzen und zum Kochen bringen.
Währenddessen fängst du an, Knoblauch, Petersilie und Chilis in kleine Stücke zu hacken.
2. Das Olivenöl wird dann langsam (!) in einer Pfanne erwärmt (nicht erhitzt). Als nächstes kommen Knoblauch, Petersilie und die Chilis dazu. Aufgepasst: Die Soße sollte nicht verkocht werden!
3. Inzwischen sollten auch die Nudeln gar sein; abgießen und mit der Soße vemischen - fertig.

SPINATSALAT

1. Für den Salat solltest du den Spinat erstmal gründlich waschen und für 2-3 Stunden in ein Wasserbad mit viel Zitronensaft und sehr viel Salz legen. Die Kartoffeln müssen geschält, in kleine Stücke geschnitten und gekocht werden.
2. In der Zwischenzeit kannst du dich schon mal an das Dressing machen: Olivenöl, gepreßter Knoblauch, Senf, etwas Zitronensaft, Kräuter, Salz und Pfeffer gut zusammenrühren und abschmecken.
3. Spinat abtropfen lassen und die Blätter ein wenig zerkleinern. Dann die fertig gekochten Karoffeln abgießen. Spinat, Kartoffeln, in Scheiben geschnittenen Mozzarella und Dressing zusammenmixen.
Eat with „Gusto" so you can throw back large gulps of wine!!

ERBSEN UND KLÖSCHEN

€

von Lars/Swoons
Musik: The Go-Go's
„Best of The Go-Go's"

- **2 l Gemüsebrühe**
- **250g Mehl**
- **1 Handvoll Erbsen**
- **2 Eier**
- **1 EL Gries**
- **1 Prise Salz**
- **1 Prise Muskat**
- **1/8 l Wasser**
- **gehackte Petersilie**

1. Gemüsebrühe zum Kochen bringen.
2. In der Zwischenzeit Erbsen inner Budder dünsten. Dat ene in dat andere schütten.
3. Klöschen aus dem Mehl, den Eiern, Salz, Muskat, Gries und dem Wasser kneten und in de Brühe rinn.
4. Zum Schluß Petersilie drübber! Fertich!

„Hm, hm, verdammt ist das trocken! Ich krieg's nicht runter! Hilfe! Ich ersticke, mein Gott tu doch einer was!"
Diese kleine, aber enorm gefährliche Situation ist bestimmt vielen von euch bekannt. Da tut doch so eine Freundin so, als ob sie dich ganz doll gern hat und dich zu deinem Geburtstag bekochen möchte! Am Anfang bist du noch frohen Mutes, denkst dir, wow! Die holt bestimmt was Cooles von der Frittenbude und dann sowas...
Selber kochen, wer hätte das ahnen können. Jetzt haben wir den Schlamassel, toller Geburtstag, vielen Dank! Aber kein Problem, mit unserem Rezept passiert sowas nicht und wenn doch, dann stellt immer ein paar leckere Flaschen Wein oder Bier bereit, um der Erstickung vorzubeugen. Hilft immer. Nicht das Dessert rettet jedes Essen, sondern der servierte Alkohol! Diese eiserne Regel bitte immer beherzigen. Aber genug der schwallenden Worte, hier die Anleitung zu einem köstlichen Genuß.
Dieses Rezept ist nicht nur an uns selbst erprobt, sondern auch an etlichen Bands, die bei uns im Geschwister-Scholl-Haus in Neuss gespielt haben. Also, ich will ja nicht angeben, aber hier das Essen, was selbst die Stars essen!

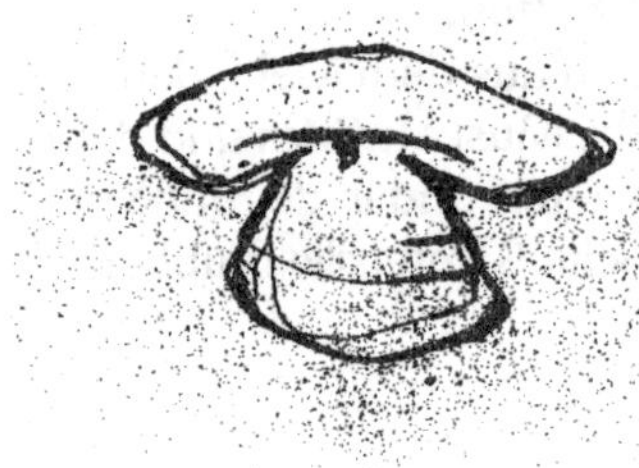

DAS COSMISCHE BLURR REZEPT

von Carsten/Blurr-Fanzine
Musik: Quest For Rescue

- **1 Walfisch, geschält (immer diese Scheißwitze)**
- **1 kg frischer Blattspinat, oder tiefgekühlt**
- **500g Champignons**
- **1 Gemüsezwiebel**
- **1 Bund Schnittlauch**
- **Pfeffer, Salz, Olivenöl, Knoblauch, Schnittlauch, Pesto-Kräutermischung**
- **1 Paket (ca. 500g) pürierte Tomaten ohne Stückchen (bei ALDI)**
- **2 Möhren**
- **frisches Basilikum**
- **1 kleines Stück herzhaften Käse (z.B. Bergkäse)**
- **1 Becher Schlagsahne**
- **3 Fleischtomaten**
- **500g kurze Bandnudeln**
- **wichtig: mehrere Flaschen italienischen Weißwein, gut gekühlt**

Vorneweg: Die Gewürze müssen natürlich nicht alle genommen werden; ihr könnt auch mit dem würzen, was im Haus ist. Außerdem lassen sich die Champignons hervorragend mit Steinpilzen ergänzen.
1. Zuerst den Spinat gründlich waschen - wir wollen ja die Zähne behalten - auseinanderrupfen und Stiele entfernen. Möhren schälen, Zwiebeln und Möhren kleinschneiden, Champignons waschen und ebenfalls kleinschneiden.

2. Wasser aufsetzen für den Spinat, der dann für 4 min. in kochendes Wasser geworfen wird! Am besten mit 2 Leuten, aus ca. 5 m Entfernung, jeder 5 Wurf! Wer gewonnen hat, also am meisten Spinatblätter im Wassertopf versenkt hat, muß somit nicht abwaschen. Der andere ist jetzt sauer und sollte schon mal den köstlichen Weißwein öffnen und sich ein Gläschen genehmigen.
3. Der Sieger kümmert sich weiter um's Essen, brät die Zwiebeln in Öl in einer Pfanne an und gibt anschließend die Champignons und Möhren dazu.
4. In der Zwischenzeit zerdrücken wir 3 Knoblauchzehen, übergießen sie mit ca. 2 EL Olivenöl, schneiden ein bißchen Basilikum rein und fetten damit eine Auflaufform ein.
5. Nun kochen wir die Nudeln! Anschließend belegen wir die Auflaufform immer abwechselnd mit Nudeln (machen den Anfang und das Ende), dem Gemüse-Spinat, sowie den Tomaten, die wir dazwischen stecken (roh!)! Vom Gemüse lassen wir ungefähr ein Viertel über, den Spinat brauchen wir auf. Und ab mit der Form in den auf 200° C vorgeheizten Backofen.
6. Nun fügen wir zu dem restlichen Gemüse Sahne, Pfeffer, Salz, Knoblauch, Bailikum, Pesto-Kräuter und die passierten Tomaten dazu und machen die Soße. Nach 5 min. holen wir den Auflauf aus dem Ofen, belegen ihn mit dem vorher geriebenen Käse und legen ein paar Petersilienblätter drauf. Bei kleiner Hitze ca. 10 min. in den Ofen zurück.
7. Beim Servieren die Soße über den Auflauf gießen und vor Erschöpfung in Ohnmacht fallen. Wer jetzt gedacht hat, daß wenigstens der Gast das Essen genießen kann, irrt sich. Das Essen ist zwar wahnsinnig lecker, aber der Gast schon so besoffen, daß man sich das ganze Kochen auch hätte sparen können. Was lernen wir daraus? Nichts!!!
Aloha, skate & create! Die BLURR-Crew

ZUCCHINI-TOMATEN-GEMÜSE

von Christine aus Berlin
Musik: Chumbawamba „Slap!"

- **400-500g Zucchini**
- **400-500g Tomaten**
- **1 Zwiebel**
- **Gemüsebrühe**
- **Sahne**
- **Koriander, Kreuzkümmel, Pfeffer, Salz, Knoblauch, Zitronensaft**

1. Zwiebel kleinschneiden und in Olivenöl anbraten.
2. Zucchini und Tomaten waschen und in dünne Scheiben schneiden.
3. Zucchinis zu der Zwiebel geben, anbraten, dann die Tomaten dazugeben. Gemüsebrühe dazu (nicht zuviel, sonst wird's so flüssig).
4. Gut würzen mit Koriander, Pfeffer, evtl. Salz und Knoblauch. Ein paar Spritzer Zitrone dazu und einen Schuß Sahne.

- Dazu passen Reis oder Spaghetti.

Um das folgende Menü perfekt hinzukriegen, muß man/frau beinahe schon aus Süddeutschland kommen, denn meistens scheitert die ordnungsgemäße Zubereitung schon am richtigen Equipment! Ich meine damit das Vorhandensein einer Spätzlepresse. Ihr Nördlich-des-Main-Wohnende laßt euch aber nicht entmutigen; probiert's einfach aus!

KUH AUF DER WEIDE

Spinatspätzle mit grünem Gemüse

von Claudia & Matthias
Musik: Chopin oder Opernarien (ernsthaft!)

für die Spätzle:

- **300g Mehl**
- **3 Eier**
- **1 Schuß Mineralwasser (zwecks Teigauflockerung)**
- **1 Messerspitze Salz**
- **Muskat nach Geschmack**
- **1/2 Paket (ca. 200g) tiefgefrorener Spinat, fein gehackt**
- **1 Spätzlespresse**

Gemüse:

- **1 kg frischer Blattspinat und**
- **500g Broccoli**
- **Gemüsebrühe**
- **ein Hauch Knoblauch**

oder

- **500g grüner Spargel und**
- **3 Zucchini**

Soße:

- **1 Zwiebel, fein gehackt**
- **2 Becher süße Sahne**
- **etwas geriebener Käse**
- **1 Knoblauchzehe, gepresst**
- **Salz, Pfeffer, Muskat**
- **Öl zum Anbraten**

1. Einen großen Topf voll Wasser zum Kochen bringen. Salz nicht vergessen.
In der Zwischenzeit den Spätzleteig zubereiten. Und der geht so:
2. Mehl, Eier und Salz mit den Knethaken des Handrührgeräts zu einem Teig verrühren. Soviel Mineralwasser reinschütten, bis ein zähflüssiges Etwas (eher zäh als flüssig) entstanden ist. Zum Schluß den aufgetauten Spinat unterrühren, evtl. etwas Mehl hinzufügen. Mit Muskat abschmecken.
3. Sobald das Wasser sprudelt, den Teig portionsweise in die Presse füllen (ca. 4 EL) und in das kochende Wasser drücken. Nicht am Stück rausdrücken, sondern zwischendurch abschneiden (sonst gibt's Spaghetti). Aufwallen lassen und solange warten, bis sich eine Schaumkrone bildet und die Spätzle oben schwimmen. Dann die Spätzle mit einem Schaumlöffel (Kelle mit Löchern) herausfischen und in einer bereitgestellten Schüssel mit kaltem Wasser „abschrecken". Herausnehmen und in einer Form im Ofen warmhalten. Diesen Vorgang so lange wiederholen, bis der Teig alle ist.
4. Jetzt geht's an das Gemüse:
Je nachdem, für welches Gemüse ihr euch entschieden habt, geht's jetzt auf verschiedene Art weiter.
- geputzten Blattspinat und in Scheiben geschnittene Zucchini werden jeweils in etwas Gemüsebrühe (1-2 cm Höhe) gedünstet.

- in Röschen geteilter Broccoli und geschälter Spargel werden schwimmend in Gemüsebrühe bißfest gekocht.
5. In der Zwischenzeit könnt ihr schon mal die Soße zubereiten: Zwiebeln in etwas Öl glasig dünsten, mit der Sahne ablöschen und aufkochen lassen. Mit den Gewürzen abschmecken, Knoblauch rein und zum Schluß unter Rühren geriebenen Käse dazu. Solange blubbern lassen, bis der Käse geschmolzen ist. Rühren nicht vergessen!
6. Ist alles fertig, die Küche kein all zu großes Schlachtfeld, wird alles auf Tellern schön angerichtet und mit der Sahnesoße übergossen.

- Dazu empfehlen wir Weißwein und Musik al gusto.

AUBERGINEN-RÖLLCHEN

von Christina Dilly
Musik: NO FX „Eating Lamb"

- **800g Auberginen**
- **1/8 l Olivenöl**
- **200g Sonnenblumenkerne**
- **1 Zwiebel**
- **1 EL Butter**
- **2 Knoblauchzehen**
- **1 Bund Petersilie**
- **400g Schafskäse**
- **2 Eigelb**
- **1 Messerspitze Cayennepfeffer**
- **Salz und Pfeffer**
- **600g Fleischtomaten**

1. Die Auberginen waschen, den Stengelansatz abschneiden und die Aubergine längs in ca. 1/2 cm dicke Streifen schneiden. Dann die Auberginenscheiben auf beiden Seiten in heißem Olivenöl kurz anbraten und anschließend auf Küchenkrepp abtropfen lassen. Salzen und pfeffern.
2. Als nächstes die Zwiebeln schälen und fein hacken. Die Hälfte der Sonnenblumenkerne fein mahlen (z.B. in der ausgedienten Kaffeemühle) und mit den restlichen Kernen und Zwiebelwürfeln in heißer Butter dünsten. Dann den geschälten Knoblauch dazudrücken.
3. Die Petersilie waschen und hacken. Anschließend den Schafskäse zerdrücken, mit Eigelb, Zwiebeln, Petersilie und den Sonnenblumenkernen mischen. Mit Salz, Pfeffer und Cayennepfeffer würzen.
4. Dann die ganze Mischung auf die Auberginenscheiben verteilen, die zu Röllchen formen und in eine gefettete Auflaufform oder ähnliches legen.
5. Dann die Tomaten mit heißem Wasser überbrühen, die Haut abziehen und würfeln. Die Tomatenwürfel um die Röllchen verteilen, salzen und pfeffern.
Die Auberginenröllchen bei 200° C auf der mittleren Schiene im Backofen ca. 30 min. garen.

- Dazu kann man gut Weißbrot oder Toastbrot essen!

BEAT-MAN-SPECIAL-MENUE

von BEAT-MAN,
Voodoo Rhythm Rec.
Musik: Ich empfehle nicht zu harte Sachen auf den Plattenteller zu legen. Ich gönne mir da so Rockabilly-Zeugs wie Benny Joy, Johnny Burnette, Robert Johnson oder Sam Hopkins...

ERSTE MAHLZEIT
(morgens 11-12 Uhr)

KARTOFFELRÖSTI MIT SCRAMBLED EGGS

• Die am Vortag gekochten Kartoffeln (ca. 3) in eine Bratpfanne raspeln und in Butter braten. Etwas würzen mit Chili und Salz. Auf die Seite stellen.
• Bei größerem Hunger 3 Eier in eine Pfanne schlagen, etwas Milch reingießen und einen Schuß Mineralwasser. Alles zusammen immer wieder mit dem Schwingbesen... eben schwingen und so. Das Mineralwasser hilft die Scrambled Eggs etwas luftig zu halten. Solange rühren, bis sie braun werden. Auf die Seite stellen.

Anschließend macht ihr die

UNCLE BEAT-MAN´S BUTTERMILK PANCAKES

- **3 Eier, leicht geschlagen**
- **2 TL weißer Zucker**
- **2 TL brauner Zucker**
- **2 TL Backpulver**
- **1 TL Salz**
- **1/2 Tasse Mehl**
- **1/2 Tasse Buttermilch (evtl. etwas mehr)**

Alle Zutaten gut mit einem Schneebesen verrühren. Dann Butter in einer Bratpfanne zergehen lassen und den Mix (nicht den ganzen!) hineinkippen. Das Ganze auf beiden Seiten braun braten.

Seid ihr damit fertig, erhitzt ihr die Kartoffeln und Eier etwas. Pancake(s), Kartoffeln und Eier zusammen auf einem Teller servieren; auf den Pancake etwas Butter schmieren und dann mit einer unheimlichen Menge Ahornsirup übergießen.

• Dazu nehme ich einen doppelten Espresso, und wenn ich am Vorabend keinen Suff gehabt habe, ein dunkles Bier (kein deutsches!).

Dann all das Zeugs abwaschen - da kann man dann schon etwas aggressivere Musik dazu nehmen. Ich bevorzuge z.B. Celtic Frost, Exploited oder The Sonics

ZWEITE MAHLZEIT
(ca. 20 Uhr)

Zur Einstimmung mixt ihr euch erstmal einen Drink:

VOODOO POWER COCKTAIL POTION

pro Person:
- **1 cl Wodka**
- **1 cl Creme de Cacao**
- **1 cl Gin**
- **1 cl brauner Rum**

Alles gut shaken, mit Eis und etwas frischen Minzeblättern in einem großen Glas servieren. Dazu zündest du dir eine rosa und eine rote Kerze an.

Als Vorspeise gibt's dann

BARBARELLAS JAM JAM CAESAR-SALAT

- **3 Eier**
- **3 zerquetschte Knoblauchzehen**
- **1/4 TL Kreuzkümmel, fein zerstoßen**
- **1 EL Dijonsenf**
- **1 EL Essig**
- **1 cl Limonensaft**
- **1/4 TL Cayennepfeffer**
- **160 ml Olivenöl**
- **60 ml Maiskeimöl**
- **Salz und frisch gemahlener Pfeffer**
- **etwas Brot, klein gewürfelt**
- **1 Kopf Eisbergsalat**
- **60g Parmesankäse**

1. Die Eier eine Minute in kochendes Wasser geben. Danach aufschlagen, Eiweiß und Eigelb trennen und das Eiweiß für irgendetwas anderes verwenden.
2. Alle Zutaten bis auf das Maiskeimöl in einer Salatschüssel vermischen.
3. Maiskeimöl in einer Pfanne erhitzen und die Brotwürfel darin braun braten.
4. Salat putzen, waschen und in mundgerechte Stücke zupfen. Rein damit in die Schüssel und alles gut vermischen. Obendrauf kommen zu guter letzt die Brotwürfel und etwas Parmesan.

VOODOO LOVE FEAST

Gedämpfter Broccoli mit grüner Chilibutter

Musik: Misfits oder The Gravedigger Five

- **90g Butter**
- **1/4 TL gemahlener Kreuzkümmel**
- **2 reife Tomaten, gehackt und Kerne entfernt**
- **3 grüne Chilischoten, geröstet, enthäutet, Samen entfernt und fein gehackt**
- **2,5 kg Broccoli, geputzt, in Röschen zerteilt, gedämpft und warm gestellt**
- **Salz und frisch gemahlener Pfeffer**

1. Die Butter in einem großen, schweren Topf bei mittlerer Temperatur zerlassen. Sobald sie zu schäumen beginnt, Kreuzkümmel, Tomaten und Chilischoten unterrühren. Die Hitze reduzieren und das Ganze langsam heiß werden lassen.
2. Jetzt den Broccoli vorsichtig unterheben, mit der Chilibutter überziehen und würzen.

• Unbedingt Barbarellas Jam Jam Caesar-Salat und Voodoo Love Feast zusammen machen... Erst am nächsten Morgen abwaschen. Zum Essen ist es sehr wichtig, zuerst Screaming Lord Sutch, dann Screamin' Jay Hawkins und am Schluß Santo & Johnny anzuhören.
Dazu trinkt man einen roten Rioja, Campo Viejo oder einen anderen spanischen Rotwein. Zum Schluß, wenn man sich etwas näher gekommen ist, legt man The Monsters „Youth Against Nature" auf und macht ein paar Turnübungen im Bett...

KÄSEKARTOFFELN A LA TOM

von Tom/Flight 13
Musik: Meat Puppets „Too High To Die"

für zwei:
- **4 große Kartoffeln**
- **200g Kräuterfrischkäse**
- **100g Gorgonzola**
- **1 Eigelb**
- **Salz und Pfeffer**

1. Kartoffeln mit der Schale ca. 25 min. kochen.
2. In der Zwischenzeit Frischkäse und Gorgonzola in eine Schüssel geben und mit dem Handrührgerät verrühren. Das Eigelb zugeben und mit Salz und Pfeffer abschecken. Nochmal gut durchrühren.
3. Die fertigen Kartoffeln der Länge nach halbieren und die Hälften vorsichtig mit einem Löffel aushöhlen. Das Ausgehöhlte zerdrücken und unter die Käsemasse ziehen.
4. Dann die Kartoffelhälften damit füllen. Ofen auf 220° C vorheizen und die Kartoffeln ca. 15 min. backen, fertig.

• Dazu paßt gut ein Salat.

FARMER-PFANNE

von Thomas Stärk
Musik: Ox CD-Compilation #18

für 2 Menschen:
- **3 größere gekochte Kartoffeln**
- **1 Dose Mais, Flüssigkeit abgegossen**
- **1 gelbe Paprika**
- **1 rote Paprika**
- **Salz, Pfeffer, Paprikapulver, evtl. Kurkuma**
- **Margarine**

Geschälte Kartoffeln in dünne Scheiben und Paprika in Streifen schneiden. In etwas Margarine ordentlich anbraten, dann den Mais dazu, alles würzen und nach Bedarf in der Pfanne fertigbrutzeln lassen.

FENCHEL AUF GRIECHISCHE ART

von Christian Pfeiffer
Musik: Yuppicide „Fear Love"

- **2 EL Öl**
- **2 EL Wasser**
- **2 Tomaten**
- **6 Korianderkörner**
- **1 Lorbeerblatt**
- **1 Stengel Thymian**
- **Salz, Pfeffer**
- **3-4 Fenchelknollen**
- **Saft von 1/2 Zitrone**

1. Die Tomaten kleinhacken und mit Öl, Wasser, Koriander, Lorbeerblatt und Thymian in einen Topf geben. Mit Salz und Pfeffer würzen, zum Kochen bringen und 3-4 min. auf kleiner Flamme kochen lassen.
2. Den Fenchel vierteln und in Zitronensaft wälzen, zu den Tomaten geben und bei schwacher Hitze vorsichtig garen. Der Fenchel sollte nicht zu weich werden.
3. Die Fenchelstücke mit einem Schaumlöffel (so ´ne Kelle mit Löchern) herausnehmen, abtropfen lassen und in eine Schüssel legen.
4. Die Soße bei starker Hitze kochen lassen, bis sie dick zu werden beginnt, dann über den Fenchel gießen.

- Schmeckt gut zu Bratkartoffeln.

SOJASPROSSEN-GEMÜSE MIT PAPRIKA

von Christian Pfeiffer
Musik: All You Can Eat „Un Oeuf"

- **250g Sojasprossen (selber züchten, Ökoladen, Asienladen...)**
- **je 1 rote und grüne Paprika**
- **3 EL Öl**
- **2-3 EL Sojasoße**
- **2 EL Apfelsaft**
- **Salz, frisch gemahlener Pfeffer**

1. Die Paprikaschoten in grobe Würfel schneiden und in heißem Öl in einer Pfanne oder im Wok 10 min. dünsten. Die Paprikastücke an den Pfannenrand schieben und die Sojasprossen in der Pfannenmitte 3-4 min. braten.
2. Danach alles miteinander vermischen und mit Sojasoße, Apfelsaft, Salz und Pfeffer würzen.

- Dazu schmeckt Reis ganz lecker

Da kriegt man Besuch von Pavlos aus New York und erfährt ganz nebenbei, daß Amber (seine Frau) eine der experimentierfreudigsten Köchinnen New Yorks ist. Ich mußte dann auch nicht lange bitten und betteln, um an ein paar ihrer exquisiten Rezepte zu kommen. We proudly present:

OVEN BAKED WHITE BEANS

von Amber/Wreck Age Rec.
Musik: Mary Linda (excellent Greek singer of the 50's and 60's)

- **500g getrocknete weiße Riesenbohnen**
- **2 Möhren, in ca. 1/2 cm breite Scheiben geschnitten**
- **ein paar schwarze Pfefferkörner**
- **Salz**
- **1 große Zwiebel, fein gehackt**
- **5-6 Knoblauchzehen, fein gehackt**
- **Petersilie, Oregano, Basilikum, Salz und Pfeffer**
- **1 TL Zucker**
- **250 ml Olivenöl**
- **1 große Dose Tomaten**

1. Die Bohnen über Nacht in Wasser einweichen.
2. Am nächsten Tag das Wasser abgießen. Anschließend Bohnen, kleingeschnibbelte Möhren, Pfefferkörner und ca. 1 TL Salz in einen großen Topf schmeißen. Dann mit soviel Wasser aufgießen, bis alles bedeckt ist. Aufkochen lassen und solange köcheln lassen, bis die Bohnen weich sind (das dauert...). Dann das Wasser abgießen und das Gemüse beiseite stellen.
3. In der Zwischenzeit wird in einem anderen Topf die gehackte Zwiebel mit dem Knoblauch in dem Olivenöl angedünstet. Kräuter, Salz und Pfeffer dazu (do not be shy with the salt or anything else). Zum Schluß eine große Dose Tomaten samt Saft dazu - am besten, ihr zerkleinert vorher die Tomaten etwas. Köcheln lassen.
4. Als nächstes packt ihr das Bohnengemüse und die Tomatensoße in eine große Auflaufform - das Ganze sollte sehr feucht und ähnlich wie eine dicke Suppe sein.
In den Backofen damit und bei 180°C ca. 1 Stunde backen. Danach ist ziemlich viel Flüssigkeit verdampft und die Bohnen befinden sich in einer dicken Soße.

- This ist good hot right away and the leftovers are also good cold or at room temperature.

This is more work than the other dishes, but is extremely good and worth making if you really like the people you are eating with.

CABBAGE ROLLS WITH EGG-LEMON SAUCE

von Amber/Wreck Age Rec.
Musik: Combustible Edison „I, Swinger" and, since this takes a long time, follow it up with a good Nancy Sinatra collection. You definitely want some perky music.

- **1 großer Kopf Weißkohl**

für die Füllung:
- **1 Bund Frühlingszwiebeln oder 1 Gemüsezwiebel, kleingeschnitten**
- **1 Handvoll gehackte Petersilie**
- **1 Handvoll gehackten Dill**
- **1 große geschälte Kartoffel, fein gerieben**
- **1 Peperoni, fein geschnitten**
- **Salz und Pfeffer (Kohl ist süß, braucht also relativ viel Salz)**
- **2 große Tassen ungekochter weißer Reis (KEINEN Naturreis!)**
- **1 Tasse Olivenöl**

- **Butter**
- **Mehl**
- **2 Zitronen**
- **2-3 Eier (je nach Größe)**
- **Feta-Käse (Schafskäse)**

1. Als erstes Wasser in einem großen Topf zum Kochen bringen. Da rein kommt dann ein ganzer Weißkohl. Solange kochen lassen, bis die äußeren Blätter weich geworden sind. Nimm die äußeren weichen Blätter und lege sie auf einen Teller. Jetzt den restlichen Kohl wieder ins Wasser und solange kochen, bis wieder die äußeren Blätter weich sind. Rausnehmen, weiche Blätter abmachen und auf den Teller legen. Die Prozedur solange wiederholen, bis nur noch ein paar Blätter übrig sind. Du solltest jetzt ca. 40 Kohlblätter rumliegen haben.
2. Jetzt die Zutaten für die Füllung zusammenmischen.
3. Nimm als nächstes einige der dunkleren Kohlblätter und lege damit den Boden eines großen Topfes aus (so brennt nachher nix von den Röllchen an).
4. Die restlichen Blätter werden nun gefüllt. Pro Blatt einen großen Löffel voll Reismischung verwenden. Sind die Blätter sehr groß, kannst du sie halbieren. Also: Füllung auf die Blätter und vorsichtig, aber relativ straff aufrollen. Bei jedem Blatt geht es leichter (sagt Amber).
5. Die fertigen Röllchen werden dann auf den Kohlblättern auf dem Topfboden angeordnet. Falls dir die Reismischung ausgeht, mach einfach noch mal was. Mach die Rollen nicht zu groß - die Hälfte deiner Faust ist die richtige Größe.
6. Sind alle Blätter verbraucht, füllst du den Topf mit Wasser auf, bis alle Röllchen bedeckt sind. Drücke die Röllchen mit Hilfe eines Tellers etwas runter. Deckel auf den Topf und köcheln lassen. Immer wieder Wasser nachfüllen, da der Reis ja aufquillt. Solange köcheln lassen,bis der Reis fertig ist. Am besten probieren - die Röllchen sollten sehr zart sein...

7. Röllchen vorsichtig aus dem Topf hieven. Schütte auf keinen Fall das Kochwasser weg!
8. Jetzt in einer kleinen Pfanne 4 EL Butter oder Margarine schmelzen, 4 EL Mehl hineinrühren und bei kleiner Hitze so lange rühren, bis die Masse geschmeidig ist und Bläschen bildet.
9. Mit Hilfe eines Freundes kippst du jetzt das Kohlkochwasser vorsichtig in einem kleinen Topf. Anschließend in den Fett-Mehl-Mix geben. Erhitzen und solange rühren, bis eine leicht eingedickte Soße entstanden ist.
10. Als nächstes den Saft von 2 Zitronen mit 2-3 Eiern schaumig schlagen. Schütte ein bißchen was von der heißen Soße rein, rühre gut um und schütte dann den Ei-Saft-Mix zum Rest der Soße. Köcheln lassen, nicht kochen! „It will be almost , opaque, and very fragrant."
11. Wenn du es bis hierhin geschafft hast, warst du echt gut! Die gefüllten Kohlröllchen mit der Soße und Feta-Käse (wichtig!) servieren.

- Schmeckt auch am nächsten Tag noch klasse.

GRILLSPIESSCHEN MIT PAPRIKA-DIP

Musik: Dead Kennedys „Fresh Fruit For Rotting Vegetables"

für die Spieße:

- **250g Tofu (Sprossentofu kommt gut)**
- **alles Gemüse, das sich zum Aufspießen eignet, z.B. kleine Champignons, Paprikastückchen, Zucchinischeiben, Zwiebelviertel...**
- **5 cm frische Ingwerwurzel**
- **3 Knoblauchzehen**
- **2 EL Apfelessig**
- **3 EL Sojasoße**
- **4 EL Öl**

für den Dip (ist sowas wie 'ne Grillsauce):

- **2 grüne Paprikaschoten**
- **2 rote Paprikaschoten**
- **2 Frühlingszwiebeln**
- **2 EL Öl**
- **1-2 EL Rotweinessig**
- **Salz**
- **Tabascosoße**

Zuerst noch eine Anmerkung: Die hier beschriebene Marinade schmeckt zwar klasse, ist aber für die Spieße nicht zwingend erforderlich. Es reicht auch schon, wenn ihr den Tofu in Sojasoße legt. Jetzt aber los:

1. Ingwer schälen und fein reiben, Knoblauch pressen und beides mit Essig, Sojasoße und Öl verrühren. Tofu in ca 1,5 cm große Würfel schneiden und in der Mischung 2-3 Stunden marinieren.

2. In der Zwischenzeit könnt ihr schon mal die etwas zerkleinerten Paprika im Mixer pürieren. Die Frühlinxwiebeln in feine Ringe schneiden und in 2 EL Öl glasig braten. Paprikapüree zufügen und etwas einkochen lassen, mit Salz, Essig und Tabascosoße (Vorsicht!) abschmecken.

3. So, dann kommt der große Moment. Tofu etwas abtropfen lassen und dann zusammen mit Paprikastücken, Zwiebelstücken, Zucchinischeiben, kleinen Champignons... schön bunt durcheinander auf Holzspieße aufgefädelt.

4. Habt ihr alles schön verarbeitet, könnt ihr die Spieße entweder in der Pfanne mit ein bißchen Öl von allen Seiten anbraten oder ihr packt die Dinger auf ´ne Alufolie und ab damit auf den Grill. Geil. Achja, die Soße/der Dip wird dann einfach dazu gegessen.

- Mit diesem Rezept seid ihr bei der näxten Gartenfete garantiert der König (oder selbstverständlich auch die Königin!).

SPINAT MIT PILZEN
Schlackmaschü

von Carsten Pieper
Musik: Gwar „This Toilet Earth"

für 2-3 Menschen:
- **600g Blattspinat (tiefgefroren)**
- **400g Austernpilze (oder frische Champignons) kleingeschnitten**
- **1 große Zwiebel, fein gehackt**
- **Pesto (Basilikum-Knoblauch-Paste; im Feinkostregal oder Naturkostladen oder selbstgemacht)**
- **Salz, Pfeffer, Margarine oder Öl**
- **Worcestersauce (nicht zwingend erforderlich)**
- **ca. 150 ml Sahne**
- **1/2 Tasse Weißwein**

1. Öl in eine große Pfanne und Zwiebeln darin glasig anbrutzeln. Pilze dazu und ebenfalls braten (ca. 3-4 min.), rühren.

2. Blattspinat gefroren dazu, auftauen lassen, dabei ab und an rühren (kann etwas länger dauern... ca 15 min.).

3. Mit Salz und Pfeffer würzen, abschmecken, mit Weißwein ablöschen (qualmt schön). Je nach Geschmack 1-5 Messerspitzen Pesto dazu, umrühren. Mit Sahne auffüllen und eventuell nachwürzen; noch einen ganz kleinen Spritzer (oder auch mehrere) Worcestersoße dazu.

- Dazu schmecken am besten Pellkartoffeln.

ÜBERBACKENER FENCHEL

Musik: Ultravox „Vienna"

- **750g Fenchel**
- **1/4 l Gemüsebrühe**
- **3 Tomaten**
- **1/8 l Sahne**
- **75g geriebener Gouda (mittelalt)**
- **1 EL Petersilie**
- **Salz, Pfeffer, Butter**

1. Die Fenchelknollen vom Wurzelansatz und den Stielen befreien, der Länge nach halbieren und den Strunk keilförmig herausschneiden. Waschen und putzen. Die Gemüsebrühe in einem Topf zum Kochen bringen, den Fenchel darin fünf Minuten garen, herausnehmen und in eine gefettete Auflaufform legen.
2. Die Tomaten kreuzweise am Bürzel einritzen, mit kochendem Wasser überbrühen, häuten und vierteln. Ebenfalls in die Form geben.
3. Die Sahne mit dem Käse, der Petersilie, wenig Salz und Pfeffer verrühren und über den Fenchel gießen. Butterflöckchen darauf geben. Auf der unteren Schiene im Backofen solange überbacken, bis der Käse leicht gebräunt ist (ca. 20 min.).

- Dazu passen ausgezeichnet Pellkartoffeln.

Kann mir vielleicht jemand von euch erzählen, wieso Kichererbsen Kichererbsen heißen? Nee? Dann wird das wohl ein ewiges Geheimnis bleiben...
Kichererbsen gab's auch auf Mallorca und so kommt ihr in den Genuß eines unserer Urlaubsgerichte. Here we go:

GIGGLE-POT

Musik: Cerebros Exprimidos „Demencia"

- **200g Kartoffeln**
- **2 Bund Frühlingszwiebeln**
- **3 Knoblauchzehen**
- **3 EL Olivenöl**
- **1/2 l Gemüsebrühe**
- **1 kleine Dose Kichererbsen (Abtropfgewicht 250g) oder ihr kocht Kichererbsen selber, dauert aber ziemlich lange**
- **1 rote Paprika**
- **Salz und Pfeffer**
- **1/2 TL gemahlener Kreuzkümmel (Cumin)**
- **1 große Dose geschälte Tomaten**
- **2 kleine Zucchini**

1. Kartoffeln schälen und grob würfeln. Dann die Frühlingszwiebeln vom welken Zeug befreien, waschen und in Ringe schneiden. Knoblauch in feine Scheiben schneiden. Danach noch die Paprika in etwas größere Stücke schneiden und die gewaschene Zucchini in feine Scheiben schneiden. Und schon kann's losgehen.

2. Als erstes werden in einem größeren Topf die Zwiebeln und Knoblauchscheiben in etwas Olivenöl angedünstet. Danach die Gemüsebrühe, die abgetropften Kichererbsen, Paprika, Gewürze, grob zerkleinerte Tomaten samt Flüssigkeit und Kartoffeln dazupacken, umrühren, Deckel drauf und ca. 20 min. leicht blubbern lassen.
3. Danach die Zucchinischeiben dazu und solange kochen lassen, bis alles Gemüse den richtigen Biß hat (dauert weitere 15 min.).
4. Mit Salz und Pfeffer würzen und essen.

- Ach so - Fladenbrot oder Baguette paßt gut dazu. Und natürlich spanischer oder italienischer Wein.

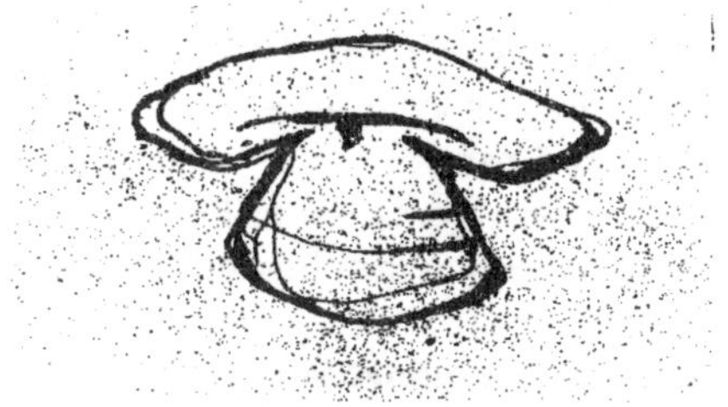

GEMÜSECURRY

Musik: Grotus
„Slow Motion Apocalypse"

- **1 kleiner Blumenkohl**
- **3-4 größere Kartoffeln**
- **3 Rettiche (mittelgroß)**
- **1 Zucchini**
- **300g grüne Bohnen (frisch oder gefroren)**
- **1 Paprika (egal welche Hautfarbe)**
- **je 1 TL Kurkuma und Koriander, gemahlen**
- **je 1 TL Zwiebelsamen und Kreuzkümmel, ganz**
- **Salz**
- **1-2 Chilischoten**
- **1/2 Tasse Wasser**
- **Öl**
- **2 Tassen Basmatireis**
- **4 Tassen Wasser**

1. Okay, los geht's. Blumenkohl in Röschen teilen (je kleiner, desto besser). Kartoffeln schälen oder nur gut waschen und in kleine Stücke schneiden. Rettiche, Zucchini, Bohnen und Paprika waschen, putzen und ebenfalls in mundgerechte Stücke schneiden.
Dann mit etwas Kurkuma und Salz einreiben (ohne Kohl und Kartoffeln).
2. Kartoffeln und Blumenkohl in Öl anbraten. Das restliche Gemüse getrennt in einer Pfanne in Öl anbrutzeln.
3. Kleingeschnittene Chilischoten, Zwiebelsamen und Kreuzkümmel in sehr heißem Öl kurz rösten, das vorgebratene Gemüse zugeben.
Danach Kurkuma und Koriander einstreuen. 5 min. braten, dann das Wasser zugeben. Deckel auf'n Pott und bißfest garen.
4. In der Zwischenzeit schon mal den Reis kochen. Wie das geht, findet ihr unter der Rubrik „Basics".
5. Ist alles fertig, wird Gemüse und Reis auf vier Tellern angerichtet.

- Allerleckerst dazu ist eine Raita (siehe unter „Sossen"), ist aber nix für Veganer.

KARTOFFEL-ZUCCHINI-QUICKY

von Wolfram Röhrig
Musik: Naked Raygun „Basement Screams"

Kartoffeln kochen, Zucchinis dünsten und zusammen mit Schafskäse und diversen Gewürzen anbraten. Dosierung der Zutaten je nach Lust und Laune.

KARTOFFEL-KÜRBIS-CURRY

von Kuddel/Miozän
Musik: Billy Bragg „There's Power In The Union"

- **600g Kartoffeln**
- **400g Kürbis**
- **1 Zwiebel**
- **1 große gelbe Paprika**
- **1 Handvoll Cashewkerne oder mehr**
- **Öl**
- **etwas Creme fraiche (durch veganes Produkt ersetzbar)**
- **Salz, Curry, Kurkuma**

1. Kartoffeln waschen, schälen und in kleine Würfel schneiden. Zwiebel ebenfalls würfeln. Beides ein paar Minuten in Öl anbraten. Danach Salz und etwas Wasser dazu und einige Minuten garen lassen.
2. In der Zwischenzeit die Cashewkerne ohne Fett in einer Pfanne anrösten. Paprika und Kürbis nicht zu grob würfeln und zusammen mit den Nüssen zu den Kartoffeln geben. Ca. 10 min. blubbern lassen.
3. Zum Schluß mit Creme fraiche und den Gewürzen abschmecken.

NUDELN MIT GORGONZOLA-SOSSE

Musik: Kina „Parlami Ancora"

- **150g Gorgonzola oder Gorgonzola mit Mascarpone (ist milder)**
- **8-12 frische Walnüsse**
- **200 ml Sahne**
- **Salz, frisch gemahlener Pfeffer**
- **40g Parmesan (am besten frisch gerieben)**
- **500g Pasta deiner Wahl**

1. Nudeln in Salzwasser bißfest kochen.
2. In der Zwischenzeit den Gorgonzola von der Rinde befreien, in Stücke schneiden und mit einer Gabel zerdrücken. Die Walnüsse knacken und grob hacken (natürlich ohne Schale!).
3. Dann die Sahne in einem Topf aufkochen, den Gorgonzola dazu und bei milder Hitze köcheln, bis die Soße sämig ist. Dabei immer wieder mit dem Schneebesen durchrühren. Mit Salz und Pfeffer würzen.

4. Kurz vor dem Servieren die Walnüsse hineingeben und die Soße über die gekochten Nudeln gießen. Mit Parmesan bestreuen.

- Die Soße paßt bestens zu Tortellini, Ravioli, aber auch zu Spaghetti, Bandnudeln, Gnocchi, usw.

FRITTIERTE SELLERIESCHEIBEN

von Erika „Wattie" Klein
Musik: The Teenage Filmstars
„(There's A) Cloud Over Liverpool"
auf Endlosschleife

- **1 Sellerieknolle**
- **1 Ei**
- **1 EL Paniermehl**
- **Salz, Pfeffer**

1. Sellerie schälen und in ca. 1/ 2 - 1cm dicke Scheiben schneiden. Auf beiden Seiten mit Salz und Pfeffer würzen.
2. Ei verquirlen und Sellerieschieben darin wenden. Jene getunkten Teile in Paniermehl wälzen, so daß alles damit bedeckt ist (ich dachte hierbei NICHT an den Tisch, den Teppich...).
3. Fett in einer Pfanne erhitzen und die Scheiben auf beiden Seiten LANGSAM goldbraun braten. Darauf achten, daß immer genügend Fett in der Pfanne ist.

- Dazu paßt gut ein Salat oder 'ne Tunke.

HIRSE MIT GRÜNEN BOHNEN

von Thomas Stärk
Musik: Stiff Little Fingers
„Inflammable Material"
für 2 Hunger:
- **300g grüne Bohnen**
- **1 kleine Zwiebel, feingehackt**
- **1 Knoblauchzehe, fein gehackt**
- **Bohnenkraut**
- **Olivenöl**
- **100g Hirse**
- **300 ml Gemüsebrühe**
- **Salz, Cayennepfeffer**
- **evtl. Schafskäse**

1. Geputzte Bohnen in Stücke schneiden. Zwiebeln und Knoblauch mit Bohnenkraut ins heiße Öl geben und anbraten. Hirse und Gemüsebrühe dazu, aufkochen lassen und 15 min. garen.
2. Die Bohnen dazutun und nochmal 15 min. garen lassen (die Bohnen nicht zu weich werden lassen).
3. Zum Schluß gut mit Salz und Cayennepfeffer würzen und auf Tellern anrichten. Nach Geschmack kann noch Schafskäse drübergebröckelt werden.

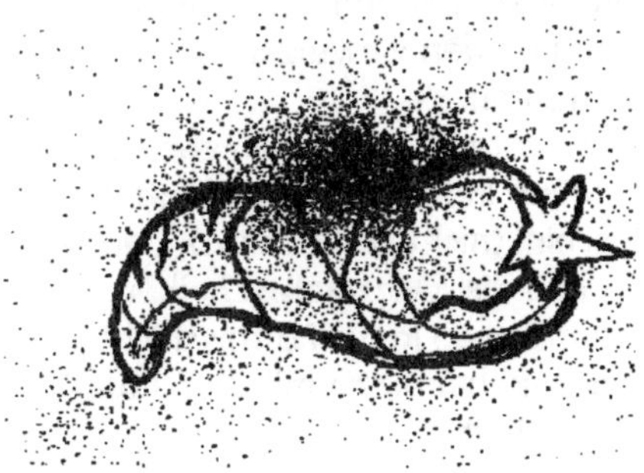

LASAGNE VERDURA

von Reiner/Ox-Team
Musik: die zuckersüßen, alptraumhaften Melodien von Yo La Tengo, besonders der Song „Flying Lesson"

- **14 grüne Lasagneblätter (genau die, die beim Vorkochen immer zusammenkleben)**
- **250g Quark**
- **4 Eier**
- **200g Hüttenkäse**
- **150g Mozzarella**
- **1 mittelgroße Zucchini**
- **Salz, weißer Pfeffer, Muskatnuß**
- **250g Spinat (frisch oder tiefgefroren)**
- **evtl. Pinien- oder Sonnenblumenkerne**

für die Soße:
- **1 kleine Dose Tomaten, Inhalt gewürfelt**
- **1 mittlere Zwiebel, fein gehackt**
- **1 EL Tomatenmark**
- **150g Sahne**
- **Knoblauch, Salz, Pfeffer, Paprika, Basilikum, Oregano nach Belieben**
- **Butter oder Öl zum Andünsten**

1. Eine Auflaufform ausfetten. Dann den Quark mit dem Hüttenkäse, den Eiern und den Gewürzen glattrühren.
2. Die vorgekochten Lasagneplatten, die dünn in Scheiben geschnittene Zucchini (nicht vorkochen!), den Spinat und die Mozzarellascheiben phantasievoll in die Form schichten und zwischendurch mit dem Quark bestreichen.
Die oberste Schicht sollte Quark bilden; aufpassen, daß die Nudelplatten vollständig mit Flüssigkeit bedeckt sind!
Die Oberfläche kann nach Belieben mit Pinien- oder Sonnenblumenkernen bestreut werden.
3. Den Backofen auf 200° C aufheizen und rein damit. Dauert ca. 45 min.
4. Die Backzeit wird genutzt, indem noch eine köstliche Soße zubereitet wird. Die Zwiebeln im Fett andünsten und mit dem Saft der Tomaten und etwas Wasser ablöschen. Jetzt die Tomaten mit dazu und aufkochen lassen. Anschließend mit der Sahne und den Gewürzen pikant abschmecken. Evtl. etwas Soßenbinder unterrühren.
5. Nach den 45 min. die Lasagne aus dem Ofen nehmen, portionieren und mit der Soße übergießen - fertig!

- Zum milden Geschmack dieser italienischen Köstlichkeit und dem unaufdringlichen Aroma passen Weißwein und Kerzen.

ZUCCHINI UNGARISCHER URLAUBSART

von Claudia & Matthias
Musik: Dvorak „Slawische Tänze"

- **jede Menge Zucchinis (3-4 mittelgroße)**
- **etwas Gemüsebrühe**
- **500g pürierte Tomaten**
- **1 Zwiebel**
- **1 Knoblauchzehe, gepresst**
- **Salz, Pfeffer, Paprika edelsüß und scharf!**
- **200g Schafskäse**

1. Zucchini halbieren und in Scheiben schneiden. In einem Topf Gemüsebrühe (1-2 cm im Topf) zum Kochen bringen. Zucchini darin ein paar Minuten bißfest (wichtig!) kochen. Danach vorsichtig abgießen.
2. In einem zweiten Topf die fein gehackte Zwiebel in etwas Öl glasig dünsten, Tomatenmatsch und zerquetschte Knoblauchzehe dazu, umrühren und würzen. Blubbern lassen.
3. Die Zucchini in die Tomatenpampe befördern und zerbröckelten Schafskäse dazu. Alles zusammen nochmal kurz aufkochen lassen und abschmecken.

- Zu diesem schnellen und preiswerten Essen gibt's Fladenbrot und ungarischen Rotwein.

GEGRILLTE CHAMPIGNONS MIT KNOBLAUCHSOSSE

von Martin Hermanus
Musik: Sebadoh „Harmacy"

für zwei:
- **1 kg sehr große Champignons**
- **1 Becher Joghurt**
- **5 Knoblauchzehen**
- **Salz, Pfeffer**
- **Butter oder Margarine**

1. Joghurt cremig rühren, 3 Knoblauchzehen werden gepreßt und 2 kleingeschnitten und unter den Joghurt gerührt. Mit wenig Salz und viel Pfeffer abschmecken und nochmal gut verrühren.
2. Die Champignons vorsichtig waschen, vom Stiel ein Stückchen abschneiden und auf ein gefettetes Backblech legen. Rein damit in den Ofen bis die Pilze fertig gegrillt sind.
3. Danach Soße über die Champignons kippen und Fladenbrot dazu essen. Oder auch grünen Salat.

Auch ein Kultrezept ist das Folgende. Lacht nicht, aber die übriggebliebene Soße schmeckt total gut als Brotaufstrich! Antesten!

DAMIT-KÖNNT-IHR-FLEISCHFRESSER-REINLEGEN-SOSSE MIT PASTA

Musik: Razzia „Ausflug mit Franziska"

- **4 Portionen Spaghetti**
- **2 Tassen Grünkernschrot**
- **1 Gemüsebrühwürfel**
- **2 große Zwiebeln**
- **3-5 Knoblauchzehen**
- **2 EL Sonnenblumenkerne**
- **2-3 EL Tomatenmark + Wasser oder 1 Dose geschälte Tomaten**
- **Olivenöl**
- **Salz, Pfeffer, italienische Kräuter**

1. Grünkern in einen kleinen Topf geben und 1 cm hoch mit Gemüsebrühe bedecken. Aufkochen und etwa 10 min. ausquellen lassen. Vorsicht! Brennt leicht an! Zum Schluß den gepreßten Knoblauch zugeben und vermischen.
2. Spaghetti bissfest kochen.
3. Die Sonnenblumenkerne ohne Fett in einer Pfanne rösten, dann reichlich Olivenöl zugeben und die kleingeschnittenen Zwiebeln glasig dünsten. Tomatenmark und etwas Wasser, bzw. Tomaten samt Flüssigkeit, zugeben. Dann den Grünkern zufügen und evtl. nochmal etwas Wasser und Tomatenmark nachgießen, denn sonst wird die Soße sehr trocken. Mit den Gewürzen abschmecken und köcheln lassen.

BULGUR
ODER BOULGUR ODER EINFACH WEIZENGRÜTZE

Musik: Dissidenten „Lemchaheb"

- **250g Bulgur (gibt´s auf jeden Fall in türkischen Geschäften)**
- **2 Zwiebeln, fein gehackt**
- **1 kleine Dose Tomaten, zerkleinert**
- **2 Peperoni**
- **Olivenöl**
- **3/4 l Gemüsebrühe**
- **Salz, Pfeffer und Paprika**
- **etwas Tomatenmark**

1. Die Peperoni entkernen, in feine Streifen schneiden und zusammen mit den Zwiebeln in etwas Öl andünsten. Anschließend mit der Gemüsebrühe aufgießen und aufkochen lassen. Dann den Bulgur dazu und ca. 15-20 min. köcheln lassen. Öfter mal umrühren.
2. Wenn die Flüssigkeit einigermaßen aufgesogen ist, könnt ihr die geschnibbelten Tomaten (ohne Saft!) und einen Schuß Tomatenmark dazu tun. Ab und zu umrühren und probieren, ob´s schon fertig ist.
Zum Abschluß noch würzen.

- Dazu paßt ein Salat.
- Ihr könnt den Bulgur aber auch als Beilage verwenden. War zusammen mit Ratatouille übrigens DAS Knülleressen bei unserem letzen Konzert! Ist vegan, ziemlich einfach, schmeckt genial und läßt sich auch in großen Mengen kochen. Was will frau/man mehr?

ÜBERBACKENE KRITHARKI

Musik: V.A. „Freedom Of Choice“

- **500g türkische/griechische Nudeln (sehen aus wie Reis; gibt's im türkischen Lebensmittelladen)**
- **1 große Dose geschälte Tomaten, gewürfelt**
- **1 Zucchini und 1 Paprika, relativ klein gewürfelt**
- **1 Zwiebel, fein gewürfelt**
- **1 Knoblauchzehe, fein gewürfelt**
- **1 EL Tomatenmark**
- **Oregano, Basilikum...**
- **Salz, Pfeffer**
- **Olivenöl**
- **jede Menge geriebener Käse**

1. Als erstes die Nudeln in ausreichend Salzwasser bißfest kochen und abgießen.
2. In der Zwischenzeit Zwiebeln und Knoblauch in etwas Olivenöl andünsten. Dann die Zucchini- und Paprikawürfel dazu und weich werden lassen. Danach noch die Tomaten (mit einem Teil der Soße) hinein, gut würzen und ohne Deckel vor sich hin blubbern lassen (so lange, bis die Nudeln fertig sind; mind. aber 5 min.).
3. Jetzt eine Auflaufform ausfetten und Nudeln mit Soße darin gut vermischen. Salz und Pfeffer nicht vergessen. Wegen mir könnt ihr das Ganze auch noch vermischen. Habt ihr genug gewühlt, kommt obendrauf fett Käse und ab damit in's Rohr. Achja, falls die Form einen passenden Deckel haben sollte, könnt ihr den solange draufpacken, bis der Käse geschmolzen ist (10 min.), denn dann ist die Oberfläche nicht so trocken.
Bei ca. 180° C solange drin lassen, bis der Käse braune Flecken kriegt.

- Dazu kommt Salat ganz gut.
- Schmeckt auch ohne Käse klasse (vegan).
- Nur mit Tomatensoße zubereitet ist es die klassische (Spar-)Variante

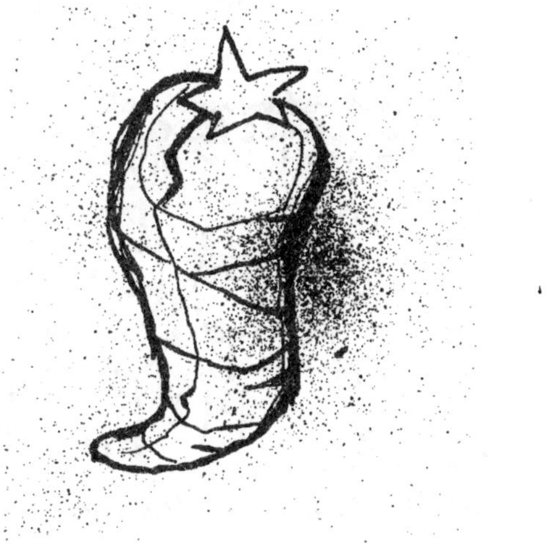

delicious sauce à la Eläkeläiset

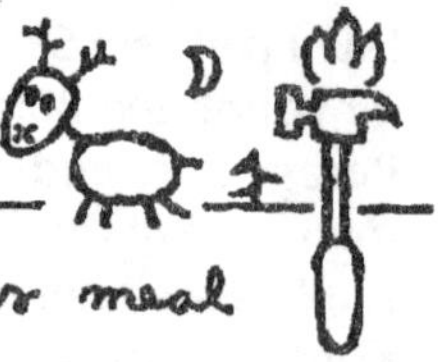

So you are supposed to make a delicious meal in 15 minutes. What to do? This:

Slice two onions to thin slices as well as some zuccini. Put them on a frying pan of somekind with preheated oil. (I use olive oil)

After some time, add PATAK'S BALTI CURRY paste. If you don't have it around, use any curry powder together with some other indian spices you like.

Always remember to use indian JERRA (cumin) powder and fresh crushed garlic.

Now it's time to put in the mushrooms (fresh champignons!)

Add two bay leaves, some basil and some black pepper if it doesn't smell hot enough.

Open a can of crushed tomatoes and pour it in. You can even use FRESH tomatoes.

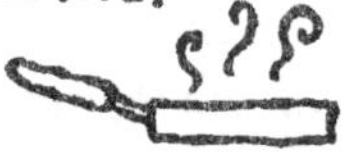

And now comes the great part:

Add handfull of blue cheese into the pan.
For the colour use some turmeric.
If you love olives, add some.

This is supposed to be a sauce for pasta, so please cook your pasta now and eat.

RATATOUILLE MIT ... ?

Musik: Wizo „Quadrat im Kreis" auf Endlosschleife

für 4 - 6 Menschen:
- **1 große Zwiebel, gehackt**
- **1 Knoblauchzehe, zerdrückt**
- **450g Zucchini, in Scheiben geschnitten**
- **1 große Aubergine, geviertelt und in Scheiben geschnitten**
- **1 grüne und 1 rote Paprika, entkernt und grob gewürfelt**
- **1 große Dose Tomaten, grob zerkleinert (den Inhalt natürlich!)**
- **1 EL Oregano oder Basilikum**
- **Salz, Pfeffer**
- **1 EL Tomatenmark**

1. Ihr erhitzt einfach etwas Öl in einem großen Topf, packt dann alle geschnibbelten Zutaten samt Tomatensoße dazu und laßt das Ganze unter gelegentlichem Rühren so lange blubbern, bis das Gemüse schön weich ist. Die ersten 10 min. am besten den Deckel drauf, danach ohne Deckel, damit's besser einkocht.
2. Vorwürzen könnt ihr natürlich auch schon mal. Ist alles fertig, schmeckt ihr nochmal kräftig ab und drapiert das Gemüse schön um den Bulgur.

- Dazu paßt Bulgur, Reis, Nudeln oder Brot.

ÜBERBACKENES GEMÜSE

Musik: The Stranglers „Aural Sculpture"

Das Gemüse in eine gefettete Auflaufform geben und mit Schafskäsescheiben belegen.
Bei 200° C solange im Ofen lassen, bis der Schafskäse entweder zerlaufen (eher unwahrscheinlich) oder schon leicht bräunlich ist.

- Dazu ist Baguette oder Fladenbrot angesagt. Und vielleicht ein Gläschen Chianti?

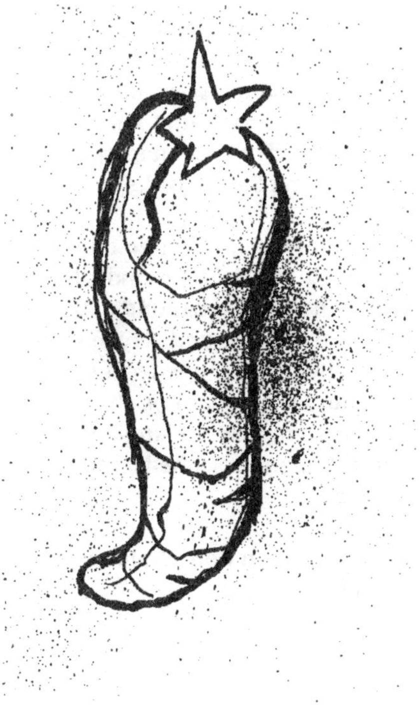

GRÜNES GEMÜSE

Musik: Clan Of Xymox „Medusa"

- **800g Zucchini**
- **2 EL Butter oder Margarine**
- **1 kleine Zwiebel**
- **1 Knoblauchzehe**
- **100 ml trockener Weißwein**
- **80g Kräuterfrischkäse**
- **Salz, Pfeffer, Cayennepfeffer**
- **1 Bund Dill, feingehackt (oder 1 Päckchen gefrorener)**

1. Die Zucchini waschen und von den Stielansätzen befreien. Dann in Würfel von ca. 1 cm Kantenlänge schneiden. Zwiebel und Knoblauch fein hacken.
2. Butter oder Margarine in einem Topf schmelzen und Zwiebeln samt Knoblauch darin etwas andünsten. Die Zucchinis dazu und kurz mitdünsten. Dann den Wein reinschütten und alles mit Salz und Pfeffer würzen.
3. Nach ein paar Minuten den Frischkäse unterrühren und alles gut vermischen. Dill dazu und evtl. nochmal mit Salz und Cayennepfeffer nachwürzen. Zugedeckt ca. 5 min. auf kleiner Flamme weitergaren; bzw. so lange, bis es den richtigen Weichheitsgrad hat. Jamjam.

- Dazu passen Reis, Bratlinge, der Nußbraten...

SABZI PULAO

bunter Reis mit Gemüse

Musik: The Humpers „Live Forever Or Die Trying"

für 2 Hunger:

- **250g Basmati-Reis**
- **2 EL Öl**
- **1/4 TL Kreuzkümmel**
- **1 Zwiebel, in Sreifen geschnitten**
- **Samen von 3 Kardamomkapseln (Schale aufbrechen und rauspulen)**
- **4 Gewürznelken**
- **4 schwarze Pfefferkörner**
- **1 mittelgroße Möhre, geschält und gewürfelt**
- **2 Kartoffeln, geschält und gewürfelt**
- **75g Tiefkühlerbsen**
- **2 EL Cashewnüsse**
- **Saft von 1/2 Zitrone**
- **1/2 TL Kurkumapulver**
- **1/2 TL Salz**
- **300 ml heißes Wasser**

1. Als erstes wird der Reis gewaschen. Das geht am leichtesten, indem ihr Reis mit Wasser in eine Schüssel packt und mit den Händen durchmischt. Dann das Wasser vorsichtig abgießen. Den Reis anschließend 1/2 Std. in Wasser einweichen und abtropfen lassen.
2. Das Öl in einem großen Topf erhitzen. Den Kümmel dazugeben und sobald er anfängt zu ploppen, die Zwiebeln reinschmeißen. Unter gelegentlichem Rühren ca. 5 min. glasig dünsten. Kardamom, Nelken

und Pfefferkörner dazu, umrühren und kurz mitbrutzeln lassen.
3. Als nächstes Reis, Möhren, Kartoffeln, Erbsen, Cashewnüsse, Zitronensaft, Kurkumapulver und Salz hineingeben und gut durchrühren. Heißes Wasser reingießen und alles zum Kochen bringen. Danach die Hitze reduzieren und zugedeckt 20-25 min. garen.

- Dazu paßt wie immer ausgezeichnet eine Raita. Rezepte findet ihr hier im Buch.
- Der Reis kommt auch gut als Beilage zu Bratlingen und so; läßt sich auch gut aufwärmen.

POPEYE-PFANNKUCHEN

Musik: Talking Heads „Remain In Light"

für den Teig:
- **120g Mehl**
- **1/4 l Milch**
- **2 Eier**
- **Salz**

für die Füllung:
- **30g Butter oder Margarine**
- **40g Mehl**
- **1/2 l Milch**
- **1 TL gekörnte Gemüsebrühe**
- **2 Eier**
- **100g Parmesan**
- **300g frischer Spinat; einfacher ist allerdings der Blattspinat aus der Tiefkühltheke**
- **Salz, Pfeffer, Muskatnuß,**
- **1 Eigelb**
- **1 Becher Creme fraiche (150g)**
- **Kokosfett zum Ausbacken**
- **Butter oder Margarine zum Ausfetten der Auflaufform**

1. So - zuerst die Zutaten für den Teig mit dem Quirl gut verrühren. Dann etwas Kokosfett in einer (beschichteten) Pfanne erhitzen und darin nacheinander 8 dünne Pfannkuchen ausbacken (habt ihr sowas noch nie gemacht, fragt ihr am besten eure Oma, wie das geht).
2. Für die Füllung das Fett in einem Topf erhitzen, Mehl mit dem Schneebesen einrühren und solange weiterrühren, bis alle Klümpchen verschwunden sind - habt ihr das geschafft, dürft ihr die Milch aufgießen. Alles unter Rühren aufkochen lassen.
3. Dann Brühe, Eier und die Hälfte des geriebenen Käses unterrühren. Aufgetauten (oder frischen) Spinat dazugeben und mit Salz, Pfeffer und Muskat abschmecken.
4. So - jetzt wird die Pampe gleichmäßig auf die Pfannkuchen verteilt. Anschließend werden die Pfannkuchen aufgerollt und in eine gefettete Auflaufform gelegt. Zum Schluß noch Eigelb, Creme fraiche und restlichen Käse verrühren und über den Pfannkuchen verteilen.
In den Ofen damit und bei 225° C ca. 25 min. überbacken. Yep!

Im Herbst billig und gesund: Wirsing! Damit läßt sich z.B. eine Quiche zaubern. Los geht's:

WIRSING-QUICHE

€

Musik: Motörhead „1916"

für 2 Hunger:
- **160g Mehl**
- **1 Ei**
- **60g Butter oder Margarine**
- **2 EL Wasser**

für den Belag:
- **100g Wirsing (geputzt)**
- **2 kleine Tomaten**
- **1 Bund Petersilie, fein gehackt (oder ein Päckchen Tiefkühlpetersilie)**
- **100 ml Sahne**
- **2 Eier**
- **eine Handvoll geriebener Emmentaler**
- **Salz, Pfeffer, Muskat, Cayennepfeffer**

1. Das Mehl in einer Schüssel mit dem Ei, dem weichen Fett, etwas Salz und dem Wasser zu einem schönen Teig verkneten. Zu einer Kugel formen, in Frischhaltefolie einpacken und für 1 Std. in den Kühlschrank legen.
2. In der Zwischenzeit die dicken Rippen aus dem Wirsing entfernen und den Rest in feine Streifen (ca. 1/2 cm) schneiden. Das Geschnibbelte in ein Sieb packen, waschen und gut abtropfen lassen.
3. Als näxtes die Tomaten häuten. Wie das funktioniert, findet ihr unter der Rubrik „Basics". Danach das Tomatenfleisch grob würfeln. Wirsing und Tomaten könnt ihr jetzt in einer Schüssel miteinander vermischen.
4. Ist die Stunde vorbei, nehmt ihr den Teig aus der Folie und packt ihn in eine Backform mit ca. 22 cm Durchmesser. Jetzt müßt ihr den Teig nur solange quetschen und ziehen, bis er den Boden der Form gleichmäßig abdeckt. Ach ja, 2 cm Rand sollten noch hochgezogen werden.
5. Jetzt nur noch das Gemüse auf den Teig packen, gut salzen und pfeffern und mit der Petersilie bestreuen.
6. Die Sahne mit den Eiern verquirlen, Käse dazu und gut würzen mit Muskat, Cayennepfeffer und Salz. Alles über das Gemüse leeren und ab damit in den Backofen.
Bei 200° C dauert es jetzt ca. 30-45 min, bis die Quiche fertig ist (achtet auf den Bräunungsgrad).
Die Quiche kurz abkühlen lassen, bevor ihr sie anschneidet. Solltet ihr nicht alles aufessen, schmeckt sie am nächsten Tag beinahe kalt noch besser!

BLECHKARTOFFELN MIT FETTEN AUBERGINEN UND KICHERERBSEN-SÜLZE SPECIAL

von Flori/Graf Zahl

Bei der ganzen Prozedur sollte lustige Musik gehört werden, denn es soll ja auch ein lustiges Essen werden.

- **Kartoffeln**
- **Öl**
- **Salz, Pfeffer und Gewürze**
- **1 Aubergine oder so**
- **100g Kichererbsen**
- **gemahlener Kreuzkümmel**
- **Knoblauch**
- **1 Arsch voll Spinnen**

Guten Tag, dies ist sicher kein schlechtes Rezept, aber die Kichererbsensülze kann man leider nicht so einfach aus dem Ärmel schütteln, dafür aber den Rest. Wer mag, kann die Kichererbsensülze auch einfach weglassen und sich stattdessen coole Preßkopfsülze aus dem ALDI besorgen. Also, fangen wir mit den Kartoffeln an:

1. Die Kartoffeln werden ungeschält (aber gut gewaschen!) in kleine, ca. 0,4 cm dicke Scheiben geschnitten und auf ein eingeöltes Backblech gelegt, wo sie dann mit einer äußerst fetten Tinktur aus Öl, Salz, Knoblauch und was Scharfem bestrichen werden.

2. Dann kommen die dünnen Auberginenscheiben auf die Kartoffeln drauf, die natürlich auch gewürzt und geölt werden. Das Ganze kommt 20-30 min. in den auf 200° C vorgeheizten Ofen.

3. So, wenn ihr jetzt die Kichererbsen noch nicht 12 Stunden eingeweicht und ca. 1 1/2 Stunden gekocht habt, könnt ihr euch die Sülze an den Hut stecken - wenn doch, dann könnt ihr die Kichererbsen pürieren und mit schon wieder mal Öl, Kreuzkümmel, Knoblauch, Pfeffer und vor allem Salz anreichern.

4. Dann kommt allerdings der Clou: Ihr nehmt den Arsch voller Spinnen, welcher auf dem Küchentisch bereit liegt, und werft die 8 Beine in kochendes Wasser; iiih! Danach werden auch diese püriert, mit dem bereits fertigen Kichererbsenbrei verrührt und dann mit den Kartoffeln serviert.

- Zaziki paßt auch ganz gut dazu; ebenso ein Schokoriegel oder ein Apfel.

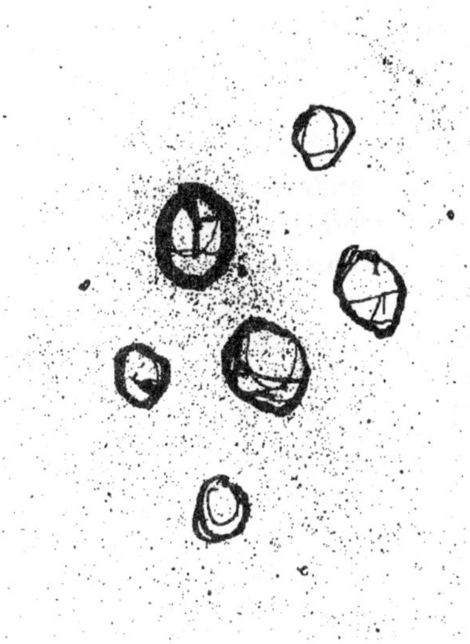

Käsefondue ist ziemlich kultig und macht mit mehreren Leuten zusammen einen Höllenspaß.
Vorausgesetzt, man/frau ist nicht so doof wie wir und stellt das Keramikpfännchen auf die Herdplatte, um darin die Käsetunke zu kochen. Nur ein zartes „Plopp" und wir hatten die Bescherung... Also. Pampe am besten in einer Pfanne oder einem großen, flachen Topf anfertigen und am Ende in das vorgesehene Fonduegefäß schütten.

ASTERIX-FONDUE

Musik: The Police
„Outlandos d'Amour"

- **400g Emmentaler**
- **200g Greyerzer**
- **200g Gouda**
- **1 Fleischtomate**
- **1 Knoblauchzehe zum Ausreiben der Form**
- **3/8 l trockener Weißwein**
- **3 EL Tomatenmark**
- **Pfeffer, Salz, Thymian**
- **3 gehäufte TL Speisestärke**
- **Gemüse wie Broccoli, Minikartoffeln, Paprika, Möhrchen, Spargel (aus der Dose)...**
- **evtl. Birnen (aus der Dose)**
- **ausreichend Baguette**
- **1 Käsefondue-Set**

1. Zuallererst checken, ob ihr im Besitz eines Käsefondues seid - das ist ein Fondue mit einem Keramikgefäß (Wichtig! Mit einem Fleischfonduetopf wird das nix.). Ist das der Fall, kontrolliert ihr, ob noch genügend Brennpaste oder ähnliches im Haus ist; es ist nämlich sehr ärgerlich, wenn man Samstagabend feststellt, daß man die ja schon beim letzten Mal alle gemacht hat...
2. Sind die organisatorischen Fragen geklärt, wird das Gemüse eßfertig vorbereitet. Es ist sinnvoll, alles so zu zerkleinern, daß die Stücke mundgerecht und aufspießbar sind. Dann einfach in etwas Salzwasser sortenweise blanchieren (also NICHT weichkochen!). Abtropfen lassen und schön dekorativ in kleine Scüsseln oder so verteilen.
3. Jetzt kommt endlich der große Moment: Die Käsepampe herstellen! Dazu muß erst einmal die Tomaten überbrüht und gehäutet werden (-> Basics). Dann Kerne entfernen und das Fruchtfleisch fein würfeln. Zur Seite stellen. Jetzt noch den ganzen Käse grob reiben - das ist 'ne ziemlich ätzende Arbeit, aber was soll's. Achja - Knoblauchzehe halbieren und damit die Keramikform ausreiben.
4. So - jetzt nehmt ihr den Wein, schüttet etwas davon in eine kleine Schüssel und den Rest in einen Topf. Da rührt ihr jetzt das Tomatenmark rein und erwärmt das Ganze auf der Herdplatte.
5. Den Käse nach und nach zugeben und anschließend mit dem Holzkochlöffel dezent Achten auf den Grund des Kochtopfes zeichnen, bis der Käse geschmolzen ist (Achten rühren ist wichtig, weil so der Käse nicht so leicht anbrennt; dem wird nämlich schwindlig dabei). Mit Salz, Pfeffer und Thymian würzen und die Tomatenwürfel reinkippen.
6. Sobald die Masse zähflüssig wird und Blasen wirft, verrührt ihr die Speisestärke mit dem übriggelasse-

nen Wein und vermischt es mit der Käsepampe. Nochmal aufwallen lassen und dann vorsichtig in das Fonduegefäß füllen. Auf das Rechaud (ich glaub, so heißt das Metallgestell) damit, Flammenwerfer an und so regulieren, daß die Pampe flüssig bleibt, aber nicht kocht.
7. Gemüse und Brotstücke aufspießen, reintunken, aufpassen, daß nix reinfällt und mampfen. Das schmeckt!

Stellt euch vor, es ist Sonntagabend und ihr habt keine große Lust zu kochen aber Hunger... Dann ist das nächste Rezept genau das Richtige für euch und schmeckt dazu noch ziemlich phantastisch:

USCHI-ALLEIN-IN-BERLIN-BULGUR

Musik: Vielleicht was von De La Soul?

für 2 Hungrige:
- **1 große Tasse Bulgur**
- **1 kleine Zucchini, gewürfelt**
- **1 Möhre, in dünne Scheiben geschnitten**
- **1 Zwiebel, fein gewürfelt**
- **2 mittlere Kartoffeln, gewürfelt**
- **ca. 1/2 l Gemüsebrühe**
- **3-4 kleine Pilze, evtl. grob zerkleinert**
- **ein Stück Schafskäse (darf auch weggelassen werden)**
- **1-2 EL Tomatenmark**
- **Salz, Pfeffer, Paprika**
- **Öl**

1. Öl in einem Topf erhitzen und die Zwiebeln etwas andünsten. Nach ein paar Minuten schmeißt ihr das restliche Gemüse bis auf die Pilze mit dazu, rührt gut durch, bugsiert den Bulgur rein, rührt nochmal gut um und gießt mit der Gemüsebrühe auf. Ach so: Tomatenmark kann auch gleich rein und und die Gewürze auch.
2. Das Ganze aufkochen lassen, nochmal umrühren und ca. 20 min. leicht blubbern lassen. Zwischendurch immer wieder mal umrühren, denn das Zeug brennt gerne an.
3. Probiert immer mal zwischendurch, ob´s schon fertig ist und gießt gegebenenfalls noch etwas Gemüsebrühe nach. Zum Schluß noch die Pilze rein und ein paar min. ziehen lassen.
Ein letztes Würzen und gewürfelten Schafskäse unterheben. Ab damit in die Teller und essen.

- Salat dazu kommt gut.

SCHNELLE GEMÜSETORTE

von Michael Veit
Musik: Ed Kuepper oder Kevin Ayers

- **Butter oder Öl für die Pfanne**
- **1/8 - 1/4 l Wasser**
- **500g Lauch, Mangold ODER Spinat)**
- **Salz, Pfeffer**
- **150g Weizen, fein gemahlen**
- **5 Eier**
- **2 Becher saure Sahne**
- **2 TL Salz**
- **1 TL Paprika edelsüß**
- **etwas geriebene Muskatnuß**

1. Lauch längs halbieren, gut waschen und in 1 cm breite Streifen schneiden. Spinat oder Mangold gut waschen, klein schneiden.
2. In einer großen Pfanne mit Deckel die Butter oder das Öl erwärmen. Dann das Wasser dazugeben: bei Lauch 1/4 l, bei Spinat oder Mangold weniger. Das Ganze zum Kochen bringen. Das Gemüse in der Pfanne gleichmäßig verteilen und salzen und pfeffern. Zugedeckt 5 min. köcheln lassen.
3. Den Deckel abnehmen und nochmals stark aufkochen, damit das meiste Wasser verdampft. Etwas muß allerdings drin bleiben, sonst brennt die Torte an.
4. Aus dem Weizenmehl, den Eiern, der sauren Sahne, Salz, Paprika und Muskat einen Teig herstellen - hierzu muß alles gut verrührt werden. Der Teig wird dann gleichmäßig über das Gemüse gegossen. Deckel drauf und das Ganze in etwa 5-10 min. festwerden lassen.
5. Wem es gelingt, der kann die fertige Torte auf einem großen Teller servieren (Teller auf die Pfanne legen, diese herumdrehen und Torte dann in große Stücke schneiden). Ansonsten schneidet man/frau die Tortenstücke in der Pfanne (ich seh´schon die Beschichtung in den Arsch gehen.... uschi).

- Dazu schmeckt ein Blattsalat.

Unsere Lieblingsspaghettisoße. Nur für euch!

MIRACOLI-ERSATZ-SOSSE

Musik: Fugazi „In On The Killtaker"

Für 2 hungrige Mäuler:

- **250g Pasta (vorzugsweise Spaghetti)**
- **1 EL Olivenöl**
- **1 Zwiebel, fein gewürfelt**
- **1 Knoblauchzehe, zerdrückt**
- **1 kleine Dose geschälte Tomaten**
- **1 EL Tomatenmark**
- **Salz, Pfeffer**
- **1 Prise Zucker**
- **ein paar frische Basilikumblätter (notfalls gefroren)**
- **Oregano und Thymian, falls ihr kein frisches Basilikum verwendet**
- **Parmesan**

1. Pasta in genügend Salzwasser bißfest kochen.
2. In der Zwischenzeit die Tomaten leicht ausdrücken und in Würfel schneiden. Dann das Öl in einem Topf erhitzen und Zwiebeln samt Knoblauch darin andünsten, aber nicht braun werden lassen.
3. Sind die Zwiebeln soweit, schmeißt ihr einfach die Toms und evtl. etwas Tomatensaft dazu, Tomatenmark auch, rührt gut um und laßt das Ganze ohne Deckel (Wichtig! Auch wenn der Herd danach eingesaut ist...) vor sich hin blubbern, bis die Nudeln fertig sind. Mit Salz, Pfeffer und einer Prise Zucker abschmecken. Gelegentlich umrühren und es bildet sich eine schöne dicke Soße.
4. Ganz zum Schluß das Basilikum mit einer Schere in den Topf schnibbeln, einmal umrühren und auf die Nudeln damit!
Das war's schon! Ist doch kinderleicht, oder?

GEMÜSE-NUDEL-AUFLAUF

von Petra Christensen
Musik: A Flock Of Seagulls
„A Flock Of Seagulls"

- **400g Nudeln (z.B. Spiral oder Penne)**
- **1 Stange Lauch**
- **3 Möhren**
- **1 Zwiebel**
- **200g geriebener Käse**
- **1 Aubergine**
- **1 Packung „Tomato al gusto" (besser ist die Ox-Standard-Tomatensoße mit einer großen Dose Tomaten)**
- **6 Tomaten**
- **Öl und Margarine**
- **Salz, Pfeffer, Kräuter**

1. Die Nudeln in Salzwasser bißfest kochen.
2. In der Zwischenzeit die Aubergine vom Stielansatz befreien, in Scheiben schneiden und kurz auf jeder Seite in Öl braten. Herausnehmen, auf Küchenkrepp abtropfen lassen und mit Salz und Pfeffer würzen.
3. Die Möhren schälen und in Scheiben schneiden. Zwiebel in Würfel, Lauch in Ringe schneiden. Alles kurz in Margarine andünsten, dann die gewürfelten Tomaten hinzufügen und mit Salz und Pfeffer, sowie getrockneten Kräutern würzen.
4. Das Ganze ca. 10 min. auf kleiner Flamme köcheln lassen. Dann die Packung „Tomato al gusto" rein und nochmal kurz aufkochen lassen.
5. In eine gefettete Auflaufform zuerst die Hälfte der Nudeln, dann die Gemüse-Tomaten-Mischung, danach die restlichen Nudeln schichtweise einlegen. Mit den Auberginenscheiben belegen und mit dem Käse bestreuen.
In den Backofen damit und bei 200° C ca. 30 min. backen.

ZUCCHINI MIT NUDELN ODER NUDELN MIT ZUCCHINI

Musik: Effigies
„Remains Nonviewable"

für 2 Portionen:
- **1 große Zucchini**
- **250g Spiralnudeln (oder jede andere Sorte)**
- **10 EL Olivenöl**
- **1 kleine Zwiebel**
- **Knoblauch**
- **Salz, Pfeffer, Oregano, Majoran**

1. Nudeln in ausreichend Salzwasser bißfest kochen.
2. In der Zwischenzeit die Zucchini waschen, der Länge nach halbieren und in ganz feine Scheiben schneiden. Die Zwiebel fein hacken und Knoblauch - Menge nach Belieben - zerdrücken.
3. Danach Öl in einer Pfanne erhitzen, Zwiebeln und Knoblauch darin andünsten (NICHT braun werden lassen!), Zucchini dazu und weiterdünsten. Mit Salz und Pfeffer abschmecken und jeweils so 1-2 TL Oregano und Majoran dazu (wer's mag, auch Kräuter der Provence). So - jetzt die Nudeln gerecht auf 2 Teller verteilen (was bei Joachim irgendwie nie so ganz klappt) und die Zucchini-Öl-Soße drüber.

SAUERKRAUT-AUFLAUF

von Uwe Glawion
Musik: Instigators
„Nobody Listens Anymore"

- **1 große Dose Sauerkraut**
- **1 rote und 1 grüne Paprika, in feine Streifen geschnitten**
- **1 Zwiebel, fein gehackt**
- **1 Becher Creme fraiche**
- **2 EL Tomatenmark**
- **1 Glas trockener Weißwein**
- **4 (vorgekochte) Lasagneplatten**
- **geriebener Gouda**
- **Salz, Pfeffer**

1. In einer Pfanne Öl erhitzen und Paprika samt Zwiebeln darin dünsten. Deckel drauf.
2. Nach einer Weile das Sauerkraut dazugeben und weiterdünsten. Später Wein und Tomatenmark dazugeben, dünsten lassen.
3. Alles gut durchmischen, mit Salz und Pfeffer würzen. Creme fraiche und einen Teil vom Käse dazugeben, umrühren.
4. Jetzt abwechselnd mit Lasagneplatten in eine gefettete Auflaufform schichten (unterste Schicht sollte Kraut sein) und zum Schluß noch mit dem Rest des geriebenen Käses bestreuen.
5. Bei 240° C ca. 20 min. backen. Das gibt Alarm im Darm - aber schmecken tut's!

BROCCOLI-SAHNE-NUDELN

Musik: Scratch Acid
„Just Keep Eating"

für 2-3 Personen:
- 500g Broccoli
- 250g Nudeln
- Salz, Rosmarin, Oregano
- 1 kleine Zwiebel
- 1 Knoblauchzehe
- 1 TL Öl
- 1 Becher Schlagsahne
- 2 EL geriebener Käse

1. Nudeln in Salzwasser bißfest garen, dann abgießen, abschrecken und sehr gut abtropfen lassen.
2. Inzwischen den Broccoli waschen und zerkleinern, die Stiele abschälen und mitverwenden. Die Stiele ca. 8 min., die Röschen nur 4 min. in Salzwasser dünsten. Zwiebel und Knoblauch abziehen und fein hacken.
3. Zwiebeln und Knoblauch in Öl glasig werden lassen, Sahne einrühren, kräftig durchkochen, dann würzen. Den Käse hinzufügen und unter Rühren schmelzen lassen.
4. Zum Schluß noch die vollständig abgetropften Broccolistücke mit den Nudeln und der Käse-Sahne-Soße mischen. Mmhhh...

GEMÜSEGRATIN

Musik: Articles Of Faith
„In This Life"

- **1 kg Broccoli**
- **500g Möhren**
- **250g Zucchini**
- **3/8 l Sahne**
- **150g geriebener Parmesan**
- **Salz, Pfeffer**

1. Broccoli waschen, putzen und in Röschen teilen (etwas größere Stücke sind o.k.), Stiel kreuzförmig einschneiden. Möhren schälen und in etwa 1/2 cm breite, längliche Stücke schneiden. Die Zucchinis waschen und in etwas dickere Scheiben (1/2 cm) schneiden.
2. Wasser erhitzen, Salz dazu. Wenn das Wasser kocht, Broccoli und Möhren 4-5 min. bei mittlerer Hitze sanft kochen lassen. Zucchini dazu, nochmal 1 min. kochen lassen. In ein Sieb kippen und abtropfen lassen. Auflaufform fetten und Gemüse (sortenweise) in die Form legen.
3. Sahne und Parmesan verrühren, würzen und über das Gemüse kippen. Auf der obersten Schiene im vorgeheizten Ofen bei 220° C 10-15 min. überbacken.

- Dazu paßt Reis oder ein Baguette.

ALARM IM DARM

von Angelika und Mirko Klecker
Musik: Voodoo Glow Skulls
„Who Is? This Is?"

- **1 Dose Linsen (500g, ohne Speck!!!)**
- **8 mittelgroße Kartoffeln, gewürfelt**
- **5 mittelgroße Möhren, gewürfelt**
- **1-2 Stangen Lauch, in dünne Ringe geschnitten**
- **1/2 Bund Petersilie, fein gehackt**
- **1/2 Sellerie, geschält und gewürfelt**
- **2 mittelgroße Zwiebeln, gewürfelt**
- **5 Knoblauchzehen, fein geschnibbelt**
- **1 Prise Salz, Pfeffer, Paprika usw...**
- **30-40g Margarine**

1. Dicken Topf klarmachen, Linsen reinschmeißen, eine leere Dose Wasser drauf und zum Kochen bringen. Danach wieder auf kleine Flamme und Kartoffeln, Möhren, Lauch, Sellerie und Petersilie dazu und 1/2 Stunde weiterköcheln lassen.
2. Zwiebeln und Knofi mit der Margarine anschwitzen. Ab in den Topf damit, nochmal 'ne 1/2 Stunde köcheln lassen und anschließend würzen. Fertig.

BRIAMI

Musik: ...But Alive
„Bis jetzt ging alles gut..."

für 6 Menshen:
- **1 Aubergine**
- **1 kg Zucchini**
- **4 mittlere Kartoffeln**
- **2 grüne Paprika**
- **1 rote Paprika**
- **2 Zwiebeln**
- **250 ml Olivenöl**
- **1 große Dose Tomaten**
- **etwas Tomatenmark**
- **2 Knoblauchzehen**
- **1 TL Zucker**
- **Salz und Pfeffer**

1. Aubergine waschen, vom Stielansatz befreien und in ca. 1 cm große Würfel schneiden. Kartoffeln schälen und ebenfalls würfeln. Zucchinis waschen, Anfang und Ende abschneiden, der Länge nach vierteln und in ca. 3-4 cm lange Stücke schneiden. Paprikas von Stielansatz und Kernen befreien, waschen und in etwas größere Stücke schneiden (aber so, daß man sie ohne ein Messer zu benutzen, in den Mund kriegt). Die Zwiebeln ausnahmsweise mal etwas gröber würfeln.
2. Jetzt das Gemüse (bis auf die Tomaten) nacheinander im Olivenöl (Ja! In der ganzen Menge!) jeweils ein paar Minuten anbraten. Dann vorsichtig in eine ausreichend große Auflaufform packen, dabei möglichst viel vom Öl in der Pfanne lassen

(braucht ihr ja für das restliche Gemüse). Habt ihr alles gebrutzelt, wird das Gemüse in der Auflaufform gut vermischt.

3. Jetzt kommt die Tomatensoße dran. Eigentlich müßte noch ein bißchen Fett in der Pfanne sein, oder? Schmeißt da die etwas zerkleinerten Tomaten samt Soße rein und lasst es ein bißchen blubbern. Dann gequetschten Knoblauch, etwas Tomatenmark, Zucker und Salz dazu und nochmal eine kleine Weile köcheln lassen.

4. Die Tomatensoße über das Gemüse kippen und ab damit in den Backofen. Bei 175° C dauert's jetzt ungefähr eine Stunde, bis das Gemüse weich geworden ist.

- Dazu gibt es Unmengen von Fladenbrot.
- Tip: Schafskäse obendrauf legen kommt ziemlich kultig. Zudem kann das Gericht gut aufgewärmt werden und schmeckt am nächsten Tag fast noch besser...

ZWIEBELKUCHEN

Musik: Celibate Rifles
„Heaven On A Stick"

Für den Teig:

- **300g Mehl**
- **3 Prisen Salz**
- **1/2 Würfel Hefe, zerbröckelt**
- **1 Tasse warmes Wasser**
- **2 EL Öl**

Die Hefe in dem lauwarmen Wasser auflösen. Dann alle Zutaten in eine große Schüssel geben, verrühren und mit einem Kochlöffel so lange schlagen, bis der Teig (oder deine Hand) Blasen wirft. Zudecken, an einen warmen Ort stellen (evtl. Ofen kurz auf 50°C anwerfen) und so lange gehenlassen, bis der Teig doppelt so groß geworden ist. Dauert ca. 1/2 Stunde.

Inzwischen den Belag wie folgt zubereiten:

- **1 kg Zwiebeln würfeln und in Butter od. Margarine glasig dünsten.**
- **1/4 l saure Sahne**
- **2-3 Eier**
- **60g Mehl**
- **1/2 TL Salz und**
- **1 TL Kümmel miteinander verrühren.**

Die Zwiebeln dazugeben. Den Teig auf einem mit Backpapier ausgelegten Backblech ausrollen, Zwiebelmatsche drauf verteilen und ab in den Ofen.
Backzeit: ca.1 Stunde
bei 200-225° C.
Ist der Teigrand schön mittelbraun, könnt ihr das Ganze rausnehmen und etwas abkühlen lassen. Dann in Stücke schneiden und aufessen.

- Variante: Einen Teil der Zwiebeln durch Lauch oder Gemüsezwiebeln ersetzen.

CHINAKOHL MIT KÄSE ÜBERBACKEN

Musik: China Drum „Simple"

für 2 Menschen:
- **500g Chinakohl**
- **1/2 l Gemüsebrühe**
- **Butter oder Margarine**
- **etwas geriebener Käse**
- **125g saure Sahne**
- **1 EL gehackte Petersilie**
- **1 Zwiebel, fein gehackt**
- **Salz und Pfeffer**

1. Chinakohl putzen, halbieren, vierteln, waschen, abtropfen lassen.
2. 1/2 l Gemüsebrühe zum Kochen bringen, den Kohl hineingeben, wieder zum Kochen bringen, und in 10-20 min gar kochen, abtropfen lassen. Chinakohl mit etwas geriebenem Käse in eine gefettete Auflaufform schichten.
3. Saure Sahne, Petersilie, die kleingewürfelte Zwiebel, Salz und Pfeffer zu einer dicklichen Soße verrühren, über den Kohl geben und mit dem restlichen Käse bestreuen.
Die Auflaufform auf den Rost in den vorgeheizten Backofen schieben. Backzeit ca. 15 min. bei 200-225° C.

Die jetzt folgende köstliche Pseudopizza geht superschnell, schmeckt superlecker und ist vor allem etwas für Hefeteighasser...

FLADENBROTPIZZA

von Marion Teisen
Musik: R.E.M. „No. 5 Document"

für 2 Menschen:
- **1 Fladenbrot**
- **1 Becher saure Sahne**
- **1 Knoblauchzehe**
- **Salz**
- **1 Paket Tiefkühlblattspinat (300g), aufgetaut**
- **3 mittelgroße Tomaten**
- **1-2 rote Zwiebeln**
- **1-2 Mozzarella-Kugeln**
- **10 Walnußkerne (von 5 Nüssen, logisch)**

1. Fladenbrot halbieren, mit Sahne, Salz und Knoblauch bestreichen. Aufgetauten Spinat darauf verteilen, dazu die in Scheiben geschnittenen Tomaten packen.
2. Mit Salz und Pfeffer würzen, gewürfelte Zwiebeln (und Walnußkerne) daraufstreuen. Mozzarella drauf und 10 min. im vorgeheizten Backofen auf 200° C überbacken.

- Unser Tip: Ersetzt den Mozzarella (teilweise) durch Gorgonzola. Kommt supergut!

KUWE PLASTIC-BOMB SEIN SCHTAR-MENÜ

Musik: Bad Religion „Against The Grain"

- **1 Packung Carlini Pilz-Rahm-Nudelgericht von ALDI**
- **200 ml Schlagsahne**
- **500g frische Champignons, in Scheiben geschnitten**
- **1 Zwiebel, fein gehackt**
- **2 Pakete Mozzarella (am besten ist auch der von ALDI), in Scheiben geschnitten**
- **Salz, Pfeffer, Distelöl (von, ihr wißt schon...)**
- **500g grüne Nudeln (der Italiener sagt Tagliatelle dazu)**
- **25g Butter oder Margarine**

1. Erstmal schwingt ihr die Hufe und macht euch auf den Weg zu ALDI. Bis auf den Käse und Carlini könnt ihr euch den Krempel woanders besorgen. Zuhause wieder angekommen, schmeißt ihr erstmal die Nudeln, die dem Nudelgericht beiliegen, zusammen mit der Packung in den Mülleimer. Jetzt kommt mir nicht mit den armen Kindern in Afrika
2. Übrig bleibt also nur die Soße, ihr Schlaumeier! Als nächstes werden die grünen Nudeln lecker gekocht, und zwar solange, bis se fertig sind.
3. In der Zwischenzeit holt ihr die gute alte Bratpfanne aus dem Küchenschrank und verscheucht erstmal die Kakerlaken. Dann Öl in die Pfanne, Zwiebeln darin goldbraun braten und die Champignons dazu. Aber nur ganz kurz!! Währenddessen einen kleinen Topf rausgeholt und die Schlagsahne reingeschüttet. Butter/Margarine dazugeben, danach die ALDI-Soße rein und mit dem Schneebesen verrühren. Champignons und Zwiebeln dazu.
4. Wenn die Nudeln fertig sind, ebenfalls kurz anbraten. Dann den ganzen Krempel inne feuer- bzw. mikrowellenfeste Auflaufform geben und Mozzarellascheiben über die Nudeln legen. Dann rein in die Mikrowelle mit dem Scheiß und ca. 3-5 min. überbacken (geht auch im normalen Backofen, dauert halt entsprechend länger).
Inner Zwischenzeit lecker Dose Hansa aufmachen und Tisch decken.

- Dazu einen trockenen Weißwein und Hirtensalat mit Essig-Öl-Kräuterdressing.

HIRTENSALAT

Musik: Minor Threat „Out Of Step"

Wie Hirtensalat geht, weiß ja wohl jeder Idiot, oder?! Einfach alles zerhacken und rein inne Schüssel. Deshalb hier nur die Zutaten:

- **200g milder Schafskäse**
- **1 rote und 1 gelbe Paprika**
- **1 Zwiebel**
- **1-2 Knoblauchzehen**
- **Oliven**
- **1/4 - 1/2 Schlangengurke**
- **4 Tomaten**
- **Öl, Essig, Salatkräuter je nach Geschmack**

NUDELN MIT ZUCCHINI UND PILZEN

Musik: Flipper „Generic"

für ca. 6 Portionen:
- **1 EL Olivenöl**
- **1 mittlere Zwiebel, in Streifen geschnitten**
- **1 Knoblauchzehe, geschält und fein gehackt**
- **450g Zucchini, gewaschen und geraspelt**
- **225g kleine Champignons, geputzt und in Scheiben geschnitten**
- **100g Quark**
- **85 ml Milch**
- **450g italienische Bandnudeln oder eine andere Sorte**
- **1/2 TL geriebene Muskatnuß**
- **1 EL gehackte Petersilie**

1. Die Nudeln in reichlich Salzwasser bißfest kochen.
2. Das Öl in einer großen Pfanne erhitzen und die Zwiebel und den Knoblauch darin dünsten. Die geriebene Zucchini und Champignons zugeben und gut vermischen. Etwa 10 min. unter gelegentlichem Rühren bei schwacher Hitze dünsten.
3. Den Quark mit der Milch glattschlagen, mit Muskat zur Zucchinimischung geben. Mit Salz und Pfeffer abschmecken und alles unter die Nudeln mischen. Mit gehackter Petersilie bestreuen, auf Teller verteilen.

THAI BAMIE PAO

oder Eiernudeln mit Sojasprossen

von Birgit Schreiber
Musik: alles von Blowhard

für 2-3 Hunger:
- **250g chinesische Eiernudeln**
- **200g Sojasprossen**
- **1/2-1 Bund Frühlingszwiebeln**
- **3 Knoblauchzehen**
- **3 EL Öl**
- **ca. 4 EL Sojasoße**
- **1 EL Zucker**

1. Nudeln 4 min. in kochendem Wasser garen, kalt abspülen und gut abtropfen lassen.
2. Sojasprossen waschen, Frühlingszwiebeln putzen, der Länge nach halbieren und in etwa 3 cm lange Stücke schneiden. Knoblauch schälen und fein hacken.
3. Öl in einer Pfanne oder im Wok erhitzen und Knoblauch mit Frühlingszwiebeln darin bei mittlerer Hitze ein paar Minuten anbraten. Dann die Sojasprossen dazu und nochmal ein paar Minuten braten.
4. Zum Schluß die Nudeln dazu, gut untermischen, Sojasoße sowie den Zucker hinzufügen, alles gut vermischen und bei mittlerer Hitze etwa 2 min. garen bis alles heiß ist. Die Sojasprossen sollten noch knackig sein.

- Dazu trinkt sich am besten Mekong-Whiskey mit Cola und Eis.

TOFU-GEMÜSE

von Christian Pfeiffer
Musik: The Clash „Sandinista"

- **400g Tofu (gibt´s mittlerweile beinahe überall...)**
- **je 2 rote und grüne Paprikaschoten**
- **500g Möhren**
- **3 Schalotten (´ne Zwiebelart)**
- **4 TL Öl**
- **Salz, Pfeffer**
- **1 EL Margarine**

1. Paprika und Möhren würfeln. Margarine und 2 TL Öl in einer Pfanne erhitzen, das geschnibbelte Gemüse bei schwacher Hitze ca. 20 min. dünsten.
2. Währenddessen Tofu in Würfel schneiden und zusammen mit dem restlichen Öl in einer zweiten Pfanne erhitzen; unter gelegentlichem Wenden solange braten, bis die Oberfläche leicht gebräunt ist.
3. Nach etwa 5 min. kann der Tofu mit dem Gemüse unter die kleingehackten Schalotten gemischt und serviert werden.

POLENTA MIT TOMATEN

Erika Klein
Musik: Scream „This Side Up"

- **180g Maisgrieß**
- **Salz, Pfeffer**
- **250g Zwiebeln**
- **1 Knoblauchzehe**
- **1 EL Öl**
- **750g Tomaten**
- **1/2 Bund frisches Basilikum**
- **50g geriebener Parmesan (oder mehr)**
- **4 EL Schmand**

1. Grieß in 3/4 l kochendem Wasser mit 1 TL Salz 15 min. ausquellen lassen und anschließend würzen. Die Pampe in eine gefettete Auflaufform streichen.
2. Zwiebeln und Knofi würfeln und in Öl glasig braten. Gewürfelte Tomaten kurz mitschmoren, würzen und gehacktes Basilikum unterrühren.
3. Die Masse auf dem Teig verteilen, Käse und Schmand miteinander verrühren, darübergeben.
Bei 200° C ca. 20-30 min. überbacken.

THE BEST GODDAMM FRIED POTATOES YOU' VE EVER EATEN

von Joel Hippycore
Cookin'Tunes: Last Option „Burning"

- **9-12 Kartoffeln**
- **1-2 Zwiebeln**
- **1-2 Bund Frühlingszwiebeln oder 2 Stangen Lauch**
- **1 Packung Tofu (wenn ihr mögt, sonst weglassen)**
- **1 Dose Mais**
- **1 Dose Kidneybohnen**
- **2-3 grüne Paprika**
- **1-2 Hand voll frische Pilze (what you want)**
- **1 Zucchini**
- **2-3 Tomaten**
- **Knoblauchsalz, Cayennepfeffer, Koriander, Kreuzkümmel, Curry, schwarzer Pfeffer, Chillipfeffer, Basilikum, Salz, und was ihr sonst noch wollt...**

1. Kartoffeln gut waschen (nicht schälen) und dann daumennagelgroß würfeln. Öl in einer großen Pfanne erhitzen, Kartoffeln rein und gut würzen. 10-15 min. brutzeln lassen, bis die Teile außen weich und innen noch crunchy sind. Umrühren nicht vergessen.
2. In der Zwischenzeit Zwiebeln, Frühlingszwiebeln, Pilze, Paprika und Zucchini putzen und würfeln.
3. Tofu würfeln und zu den Kartoffeln geben; evtl. Öl nachgießen. Brutzeln lassen.
4. Wenn die Kartoffeln so gut wie fertig sind, das gewürfelte Gemüse, Mais und Bohnen dazugeben, umrühren und nochmals würzen. Weiterschmoren lassen und umrühren nicht vergessen (seufz).
5. Wenn alles fertiggegart ist, Tomatenstücke zugeben und 2 min. durchziehen lassen (nicht warten, bis die Tomaten zerfallen) und auf die Teller damit.

- Die Menge reicht wahrscheinlich für' ne mittlere Party - eignet sich aber auch zum Aufwärmen.

WEISSE BOHNEN MIT ROTER SOSSE

Musik: 7 Seconds „New Wind"

für 3 Hunger:
- **300g weiße getrocknete Bohnen**
- **2 Zwiebeln**
- **1-2 EL Tomatenmark**
- **3/4 l Gemüsebrühe**
- **1 Peperoni**
- **2 Tomaten**
- **Olivenöl**
- **Salz, Pfeffer**

Für dieses Rezept müßt ihr ein bißchen vorplanen, denn die Bohnen werden am Vortag eingeweicht.
1. Also, wie gesagt, Bohnen am Vortag in reichlich Wasser einweichen,

am nächsten Tag dann das Einweichwasser abgießen und die Dinger in frischem Wasser ca. 30-45 min. garkochen.
2. In der Zwischenzeit die Peperoni in feine Ringe schneiden, die Zwiebeln fein hacken und die Tomaten würfeln.
3. Die Zwiebeln in Öl andünsten, Bohnen abgießen und dazupacken. Jetzt alles mit der Gemüsebrühe aufgießen, Peperoni, Tomaten und Tomatenmark dazu und gut umrühren.
4. Das Ganze ca. 45 min. bei mittlerer Hitze kochen und zum Schluß mit Salz und Pfeffer würzen.

- Dazu paßt am besten Fladenbrot oder Baguette. Und natürlich griechischer Rotwein.

PASTA MIT AUBERGINEN-SOSSE

Musik: Blumfeld „L'etat et moi"

für zwei:
- **250g Nudeln deiner Wahl**
- **1 Zwiebel**
- **1 Knoblauchzehe**
- **1 kleine Aubergine**
- **1 kleine rote Paprika**
- **200 ml Gemüsebrühe**
- **50-100g Gorgonzola mit Mascarpone**
- **Salz, Pfeffer**
- **Olivenöl**
- **1 Prise Thymian**

1. Nudeln in ausreichend Salzwasser bßfest kochen.
2. In der Zwischenzeit Zwiebel und Knoblauch fein hacken. Außerdem die Aubergine waschen, vom Stielansatz befreien und in kleine Würfel schneiden. Das gleiche gilt für die Paprika.
3. Dann ein bißchen Olivenöl (so 1-2 EL) in einem Topf erhitzen und darin Zwiebeln und Knofi andünsten, glasig brsaten, oder was auch immer. Dann Auberginen und Paprika mit dazu und kurz mitanbraten.
4. Salzen, pfeffern und mit der Gemüsebrühe aufgießen. Zischen lassen und dann ungefähr so 10 min. blubbern lassen.
5. Pürieren steht als nächstes an. Dazu entweder die Soße in einen Rührbecher schütten und kurz mit dem Pürierstab durchgehen, oder - und das ist die Profivariante - die Soße im Topf lassen und versuchen, möglichst viel von der Pampe beim Pürieren im Topf zu behalten (Joachim hat das leider nicht geschafft...). Verfügt ihr nicht über derartiges Profi-Equipment, geht's bestimmt auch ohne matschen.
6. Jetzt nur noch den Gorgonzola in die Soße schnibbeln, schmelzen lassen und alles mit Thymian abschmecken. Dann die fertiggekochten Nudeln auf zwei Teller verteilen und die Soße drübergießen. Jamjam.

GEMÜSE-COUSCOUS

Musik: Unity „Blood Days"

- **500g Couscous**
- **1/2 l Gemüsebrühe**
- **750g zerkleinertes Gemüse: z.B. Broccoli, Möhren, Weißkohl, Tomaten**
- **200g Kichererbsensprossen**
- **1 EL Öl**
- **1 TL schwarze Senfkörner (schwer aufzutreiben; gelbe tun´s notfalls auch)**
- **1 zermatschte Knoblauchzehe**
- **Salz**
- **400g Joghurt**
- **je 1 TL Kreuzkümmel, Cayennepfeffer und Kurkuma**
- **Harissa je nach Schärfegrad**

1. In einem Topf Öl erhitzen und Senfkörner und Knoblauch darin anrösten. Gemüse zufügen (hättet ihr mal lieber einen größeren Topf genommen...) und unter Rühren anbraten.
2. Etwas Gemüsebrühe zugießen und zugedeckt bißfest garen. Mit Salz und Harissa abschmecken. Jetzt die Sprossen untermischen und erhitzen.
3. In der Zwischenzeit Couscous mit Gemüsebrühe nach Anleitung auf der Packung kochen.
4. Den Joghurt mit Kreuzkümmel, Cayennepfeffer und Kurkuma pikant (!) würzen. Couscous auf 4 Teller verteilen, Gemüse mit Soße drüber und den Joghurt dazu reichen.

Hier noch eine andere Art, Couscous zuzubereiten:

COUSCOUS MIT GEMÜSE

Musik: Sal Paradise „Shimmer"

pro Person:
- **125g Couscous**
- **1 Zwiebel**
- **1 Karotte**
- **1/2 Paprika**
- **1 kleine Zuchini**
- **1/2 Kohlrabi**
- **Tomatenmark**
- **Salz**
- **gemahlener Koriander**
- **Harissa (gibt´s in orientalischen Lebensmittelläden)**

Für diese Couscous-Zubereitung müßt ihr haben:
1 großes Metallsieb, 1 Topf, auf den dieses Sieb paßt und einen passenden Deckel zum Topf (funktioniert z.B. auch mit einem Druckkochtopf, wenn ihr den Siebeinsatz höherstellt). Und schon kann´s losgehen.

1. Etwas Wasser mit Salz und Tomatenmark zum Kochen bringen - das Gemüse sollte nachher fast damit bedeckt sein.
2. In der Zwischenzeit das Gemüse samt Zwiebeln in größere Stücke schneiden und in die Flüssigkeit befördern, sobald diese kocht. Evtl. noch etwas Wasser nachgießen, falls es zu wenig ist.

3. Während das Gemüse lustig vor sich hin blubbert, könnt ihr euch dem Couscous widmen.
Zuerst den Topf zu 1/4 mit Wasser füllen und zum Kochen bringen. In der Zwischenzeit Couscous mit Wasser in eine Schüssel geben, einmal kräftig mit den Händen durchrühren und dann das Wasser sofort wieder abschütten.
4. Ist es soweit, gebt ihr das Couscous in das Sieb, packt das Sieb auf den Topf und Deckel drauf. Temperatur zurückschalten und 8-10 min. warten. Das Couscous wird auf diese Art im Dampf gegart.
5. Das Gemüse mit Koriander, Salz und Harissa (Vorsicht! Ist sowas wie Tabasco) würzen. Es ist völlig in Ordnung, wenn die Soße sehr flüssig ist, denn das Couscous saugt nachher.
6. Optimal ist es natürlich, wenn Couscous und Gemüse gleichzeitig fertig werden... Couscous in hohe Teller füllen und Soße samt Gemüse drüber. Lecker!

- Dazu paßt ziemlich gut eine Raita, vor allem, wenn das Gemüse ziemlich scharf geworden ist.
- Ihr könnt natürlich das Gemüse beliebig aussuchen - je nachdem, auf was ihr grade Lust habt.

Für Florian aus Nürnberg:

PSEUDO-ASIEN-SCHNELLIMBISS

€

Musik: Ranola „Ranola"

für zwei:

- **1 große rote Paprika, in feine Streifen geschnitten**
- **1 kleine Stange Lauch, geputzt und in dünne Ringe geschnitten**
- **1 Knoblauchzehe, fein gehackt**
- **150g Sojabohnensprossen (selber gezogen oder frisch aus der Gemüsetheke), gewaschen**
- **100g Schafskäse, gewürfelt**
- **ca. 1-2 EL Sojasoße**
- **Salz, Pfeffer**
- **ca.1 EL Margarine oder Butter**

Die Margarine in einer Pfanne (authentischer ist natürlich ein Wok) zerlassen und darin das Gemüse bei nicht allzu großer Hitze ca. 5 min. dünsten. Mit Sojasoße, Salz und Pfeffer abschmecken. Zum Schluß den gewürfelten Schafskäse vorsichtig unterheben. Fertig.

- Dazu eßt ihr am besten Baguette.

Hier drei Rezepte, die sich besonders gut für Volxküche, Bandcatering etc. eignen:

THE FEEDING OF THE 5.000

Gemüse in Tomatensoße

Musik: Crass „The Feeding Of The 5.000"

für 40 Hunger:
- **Gemüse der Saison**
- **6-7 l Gemüsebrühe**
- **ca. 1 kg doppelt konzentriertes Tomatenmark**
- **1 kg Schafskäse**
- **Salz, Pfeffer**
- **1/2 Topf frisches Basilikum**

1. Gemüsebrühe in einem Topf zum Kochen bringen.
2. Kleingeschnibbeltes Gemüse samt Basilikumstengeln und Tomatenmark dazu und so lange köcheln lassen, bis das Gemüse weich genug ist.
3. Zum Schluß den gewürfelten Schafskäse und die zerkleinerten Basilikumblätter dazu, evtl. nachwürzen.

- Folgende Gemüsemischungen haben sich bewährt:
  - Broccoli, Blumenkohl, Paprika, Zwiebeln und Tomaten
  - Zucchini, Auberginen, Paprika und Zwiebeln
- Dazu passen Reis, Bulgur, Getreide und Kartoffeln.

KÜRBISCURRY

Musik: Spermbirds „Something To Prove"

für ca. 40 Hunger:
- **5 l Gemüsebrühe**
- **5 l Milch (Sojamilch)**

vermischen und etwas Currypulver drübersteuben. Erhitzen.

- 4-5 kg Möhren würfeln, und in der Flüssigkeit garkochen. Paprika passen auch gut dazu.

- In der Zwischenzeit 4-5 kg Kürbis grob würfeln und zu den Möhren geben, wenn diese fast gar sind. Kurz blubbern lassen.

- 1 kg Zwiebeln grob zerkleinern und anbraten. Zu dem Möhren-Kürbis-Gemüse geben.

- Zum Andicken 400g Weizenvollkornmehl mit (Soja-) Milch verrühren, zu der Masse geben und kurz aufkochen lassen. Mit Salz, Pfeffer und Paprika würzen.

- Eine exotische Variante entsteht, wenn ihr zum Schluß kleingeschnittene Bananen dazugebt.

Den Vita-Auflauf gibt´s bei jedem Gig, den wir im „AZ" in Aachen organisieren. Eine leckere Abwechslung im Tour-Fraß; jeden Tag Spaghetti oder Pizza ist auch nicht alles!

VITA-AUFLAUF A LA „AZ"

von Myra & Ralf/Vitaminepillen
Mucke die man dazu hört? Tja, ich denke, die meist abgenudelten Platten im AZ sind Dog Food Five, Slime, Ausbruch, Brezhnev und zig andere.

für 20-25 Leute:
- **4 kg Nudeln (geringelt)**
- **2-3 Netze Paprika**
- **1 kg Zwiebeln**
- **2 Packungen Pilze**
- **3 Broccoli/Blumenkohl**
- **4 Packungen (a 200g) Kräuterschmierkäse**
- **2 Tüten Kräutercreme-Suppe (aus´m Reformhaus, denn die konventionellen sind meist mit tierischen Fetten - uschi)**
- **3 Packungen Tiefkühl-Gemüsepfanne (aufgetaut!)**
- **4 Packungen geriebener Emmentaler Käse**
- **Salz, Pfeffer, Paprika und Gewürze nach Wahl**

1. Zuerst einmal muß der ganze Gemüsekram gewaschen und in kleine Stücke geschnitten werden. Die Zwiebeln müssen auch klein geschnitten werden - akute Heulgefahr! Währenddessen kann man schon mal zwei große Töpfe mit Wasser aufsetzen, um die 4 kg Nudeln zu kochen (Wichtig! Es dauert scheiße lange, bis 10 Liter Wasser kochen!).
2. In einer Pfanne die kleingeschnibbelten Pilze schön braun braten und gut würzen.
3. In einem Topf muß nun die Soße zubereitet werden. Dazu nehme man die Kräutercreme-Suppe (inkl. der angegebenen Wassermenge) und den Schmierkäse. Alles zusammenmischen und zu einer guten Soße köcheln. Nicht zu dünn machen!
4. Wir brauchen drei große Auflaufformen. Diese gut einfetten (ein Punker will schließlich nicht endlos abwaschen!).
Die „al dente" Nudeln auf die Formen verteilen und jetzt nach Herzenslust mit dem frischen Gemüse und den Zwiebeln vermischen. Eine Tiefkühl-Gemüsepackung pro Form. Jetzt den Schmierkäse-Kräutersuppe-Mix dazugeben und gut würzen.
5. Als letztes kommt eine fette Schicht geriebener Käse darüber. Ab in den Ofen, bis der Käse lecker braun ist - fertig! Dauert ca. 30 min.

Laßt es euch schmecken!
Eet smakelijk!

Ohjeohje... was hatte ich mir am Sonntagabend nach der New Life-shark-Fete nur mit diesem Rezept angetan. Mal eben was Leckeres kochen und so... Noch etwas Restalkohol im Blut und grobmotorische Schwierigkeiten sind nicht gerade die besten Voraussetzungen, um dieses doch etwas anspruchsvollere Rezept nachzukochen. Aber vorbei ist vorbei und es hat einfach phantastisch geschmeckt! Check it out! Unbedingt!
(P.S.: Ich hätte gar nicht gedacht, daß Dolf so toll kochen kann...)

GRÜNKERNKLÖPSE MIT BLUMENKOHL-BOHNEN-GEMÜSE

von Dolf/Trust Fanzine
Musik: alles von Team Dresch

für die Klöpse:

- **200g Grünkernschrot**
- **3 Schalotten (oder kleine Zwiebeln), fein gewürfelt**
- **60g Butter oder Margarine**
- **1 zerquetschte Knoblauchzehe**
- **400 ml Gemüsebrühe**
- **1 Bund glatte Petersilie, fein gehackt**
- **1 Bund Schnittlauch, fein gehackt**
- **150g Sahnequark, abgetropft**
- **1 Ei**
- **1 EL Weizenvollkornmehl**
- **3 EL Vollkornpaniermehl**
- **Salz, Pfeffer**

für das Gemüse:

- **1 Blumenkohl (ca. 1kg)**
- **400g grüne Bohnen**
- **400 ml Gemüsebrühe**
- **30g Butter oder Margarine**
- **25g Weizenvollkornmehl**
- **250 ml Sahne**
- **1 EL Weißwein**
- **Saft von 1/2 Zitrone**
- **5 Zweige Zitronenmelisse (wenn ihr welche findet)**
- **Salz, Pfeffer**

Los geht's:

1. 30g Butter in einem Topf erhitzen, Schalotten und Knoblauch rein und glasig dünsten. Danach den Grünkernschrot dazugeben, kurz anrösten und anschließend mit der Gemüsebrühe ablöschen. Kurz aufkochen und dann 10-15 min. auf kleiner Flamme ausquellen lassen. Jetzt die Matsche in eine Schüssel füllen und abkühlen lassen. Erster Gang beendet.

2. Als nächstes Quark, Ei, Vollkornmehl, Paniermehl und Kräuter unter die Grünkernpampe rühren und mit Salz und Pfeffer abschmecken. Nicht so sparsam sein! Jetzt das Ganze ca. 30 min. ruhen lassen.

3. In der Zwischenzeit den Blumenkohl in kleine Röschen teilen, waschen und gut abtropfen lassen. Die Bohnen waschen, von den Enden befreien und halbieren. Zweiter Gang beendet.

4. Jetzt widmen wir uns wieder dem Grünkern. Aus der Pampe mit angefeuchteten Händen 20 Klöße formen. In einem großen breiten Topf gesalzenes Wasser erhitzen. Wenn's kocht, gebt ihr die Klöpse vorsichtig hinein (das geht am besten mit einem Löffel) und laßt sie bei geringer Hitze ca. 8-12 min. gar ziehen. Dritter Gang beendet.

5. Während die Klöpse vor sich hin blubbern, schmeißt ihr das Gemüse in einen Topf, schüttet mit der Gemüsebrühe auf und laßt es 10-12 min. dünsten. Kräftig würzen.
Laßt euch vom Chaos in der Küche bloß nicht stressen! Ich kenn´das... So, sind die Klöpse fertig, nehmt ihr sie raus und laßt sie auf Küchenpapier abtropfen.
6. Als nächstes das Gemüse auf ein Sieb geben und dabei die Brühe in einer Schüssel auffangen (ganz schön kompliziert, was?).
Das Gemüse soll euch vorerst nicht mehr interessieren, denn jetzt kommen Soße und Grünkernklöpse dran.
7. Für die Klöpse 30g Butter in einer Pfanne erhitzen und die Teile darin portionsweise rundherum braun braten.

Parallel dazu panscht ihr die Soße. Und die geht so:
8. Ihr erhitzt in einem größeren Topf 30g Butter und rührt das Vollkornmehl ein. Bitte Klumpen vermeiden! Bevor´s euch langweilig wird, gießt ihr 375 ml der vorher aufgefangenen Gemüsebrühe unter Rühren auf und kippt gleich Weißwein, Sahne und Zitronensaft hinterher.
9. Jetzt das Ganze aufkochen, das Gemüse dazu und so 5 min. köcheln lassen. Abschließend die fein geschnittenen Zitronenmelisseblättchen unter das Gemüse geben und gut mit Salz und Pfeffer würzen.
Ist alles fertig, richtet ihr beides schön auf den 4 Tellern an. War doch gar nicht so schwer, oder?

PIKANTER GEMÜSEEINTOPF

von Marcel Philipp
Musik: McRackins
„Planet Of The Eggs"

für 2 Hunger:
- **2 mittelgroße Kartoffeln, gewürfelt**
- **3 Möhren (nicht zu klein), in Scheiben geschnitten**
- **1 große Zwiebel, gehackt**
- **1 Paprika, in Streifen geschnitten**
- **2 Gewürzgurken, in Scheiben geschnitten**
- **2 Knoblauchzehen, gehackt**
- **1/2 l Gemüsebrühe**
- **100 ml Ketchup**
- **3 TL Paprikapulver**
- **Salz und Pfeffer**
- **1 Spritzer Zitronensaft**
- **saure Sahne (gibt´s auch vegan)**
- **Dill (gefroren)**

1. Kartoffeln, Möhren und Zwiebeln in einem großen Topf in etwas Margarine dünsten.
2. Dann Knoblauch, Paprikaschote und Gewürzgurken mit Ketchup dazugeben, zum Kochen bringen und je nach Geschmack würzen.
3. Anschließend wird die Gemüsebrühe in den Topf gegossen. Jetzt läßt man alles 15-20 min. kochen und schmeckt das Ganze dann mit Zitronensaft und saurer Sahne ab.

CHILI OHNE CARNE

von Thomas K./Ox-Team
Musikalisch empfehle ich dazu HÜSKER DÜs „Warehouse: Songs & Stories", da geht das Kochen direkt viel leichter von der Hand. Nicht schlecht kommen auch die SUPERSUCKERS mit „La Mano Cornuda" (am besten die CD, da ist die Platte zweimal drauf) oder „New West Motel" von den WALKABOUTS, allesamt Bands, die sich zweifelsohne ganz der mexikanischen Folklore verschrieben haben, oder so...

- **2 große Zwiebeln**
- **2 Paprika (rot oder grün)**
- **Knoblauch**
- **Chilipulver**
- **Thymian**
- **1 Lorbeerblatt**
- **1/2-1 l Gemüsebrühe**
- **Salz und Pfeffer**
- **Tabasco**
- **Paprika edelsüß**
- **1 große Dose geschälte Tomaten**
- **2 große Dosen Kidneybohnen**
- **Grünkernschrot**
- **Öl**

Spätestens nachdem Salsa-Saucen und Taco-Fertigpackungen die Regale des örtlichen Supermarktes bevölkern, dürfte auch Mexican Food seinen Exotenbonus eingebüßt haben. Vor allem Chili scheint inzwischen zur Standardbestückung selbst der miefigsten Kneipen zu gehören. Sympathisch an diesem Gericht ist auch nicht unbedingt seine mexikanische Herkunft, sondern die relativ leichte Herstellung des Ganzen, die es sogar den größten Küchendilettanten ermöglicht, ein schmackhaftes Mahl auf den Tisch des Herren zu zaubern, mit dem man, in der richtigen Dosierung, zahlreiche Mäuler nachhaltig stopfen kann. Außerdem taugt Chili wunderbar als vegane Mahlzeit, da hier wirklich locker auf jegliche tierische Bestandteile verzichtet werden kann.

Wichtigstes Utensil dabei ist ein ziemlich großer Kochtopf, am besten der, mit dem Oma seinerzeit die Kochwäsche verarbeitet hat, da wir es mit einer Menge Flüssigkeit zu tun haben.

1. Erstmal ist dann Schnippelei angesagt, nämlich das in Scheiben schneiden von Paprika und Zwiebeln. Die Paprika- und Zwiebelscheiben sollten möglichst dünn ausfallen, da sie dadurch besser verkochen und man hinterher nicht so unappetitlich dicke Brocken im Essen hat.

2. Die Zwiebeln und die Paprika schmeißt man in den Topf mit vorher erhitztem Öl und läßt beides erstmal vor sich hingaren. Zwischendurch das Umrühren nicht vergessen. Währenddessen kann man schon mal die Gemüsebrühe vorbereiten, die Dosen öffnen und die Bohnen sorgfältig in einem Sieb abspülen, da denen ein ziemlich ekelhafter Syph anhaftet.

3. Nachdem Paprika und Zwiebeln die hitzebedingten Erschlaffungserscheinungen aufweisen, kann man Bohnen und geschälte Tomaten (mit Flüssigkeit) dazugeben, zusammen

mit Knoblauch (gepreßt) und Lorbeerblatt (nicht zwingend notwendig).
4. Weiterhin gut umrühren und kurz darauf Grünkernschrot oder andere nichtfleischliche Ersatzstoffe (z.B. funktioniert's auch mit Bulgur) hinzugeben. Wobei der Grünkernschrot mit Vorsicht zu geniessen ist, da er ganz fürchterlich die Flüssigkeit aufsaugt und außerdem ganz schnell das Chili geschmacklich in Grünkerneintopf verwandeln kann.
5. Danach kann man meistens ganz gut einschätzen, wieviel Gemüsebrühe nun noch notwendig ist, damit zum Schluß kein Kartoffelbrei herauskommt. Die Hinzugabe der Gewürze erfolgt je nach Geschmack und wie es einem gerade in den Fingern juckt.
6. Fertig ist das Ganze, wenn die Bohnen auf der Zunge zergehen, also nach ungefähr 30 Minuten Garzeit, aber das sollte eigentlich jeder individuell entscheiden, genauso wie den Einsatz von Chilipulver und Tabasco. Zuviel davon kann einen nämlich schlagartig verdammt nüchtern machen, selbst wenn man schon einige Biere intus hat und am nächsten Tag erheblich die Verdauung belasten. Wobei ich noch hinzufügen muß, daß Chili erfahrungsgemäß nicht die befürchteten massiven Winde auslöst, was angesichts zweier Dosen Bohnen eigentlich kaum zu glauben ist. In der Regel kann man das Gericht also gefahrlos in geselliger Runde zu sich nehmen, ohne daß die Nahrungsaufnahme zu einer gegenseitigen Vergasungsaktion ausartet.

- Dazu reicht man am besten Fladenbrot oder ähnliches. Grundsätzlich darf es mengenmäßig durchaus etwas mehr Chili als vorgesehen sein, da das Zeug am nächsten Tag meist noch viel besser schmeckt.

KARTOFFEL-PUFFER

€ ⏲

von Niels/Boxhamsters
Musik: Dackelblut
„Schützen und fördern"

Etwa 10-14 große rohe Kartoffeln schälen und reiben - am besten mit einer Handreibe, denn so'n bißchen Blut ist besser als Safran! Das Ganze dann in ein Tuch geben und auspressen. Allerdings nicht zu stark, denn etwas feucht muß der Teig schon noch sein.

Dazu geben wir dann:

- **1-2 fein gehackte Zwiebeln**
- **250g Quark**
- **1 Handvoll Kümmel**
- **1 EL Salz**
- **1 Prise Pfeffer**
- **etwas Semmelbrösel (für Norddeutsche: Paniermehl...)**

Pfanne erhitzen, und die gut verrührte Teigmasse mit reichlich Öl portionsweise ausbacken.

- Pflicht dazu ist Apfelmus und Bier.

NUDELN MIT GEMÜSE-SAHNE-SOSSE

Musik: Multicoloured Shades
„Sundome City Exit"

für 2 Hunger:
- **250g grüne Spaghetti**
- **1/2 Zucchini, geraspelt**
- **1 Möhre, geraspelt**
- **100g Gorgonzola**
- **150 ml süße Sahne**
- **1 kleine Zwiebel, fein gehackt**
- **3 Knoblauchzehen, fein gehackt**
- **Butter oder Öl**
- **Salz, Pfeffer**

1. Spaghetti bißfest kochen.
2. In der Zwischenzeit Zwiebeln und Knoblauch in etwas Butter oder Öl andünsten. Die Zucchini und Möhre dazu und kurz mitandünsten.
3. Mit Sahne aufgießen und Gorgonzola rein. Aufkochen lassen und immer schön umrühren, damit der Käse schmilzt und nix anbrennt.
4. Wichtig: Zum Schluß die Pasta in den Soßentopf kippen und alles gut durchmischen. Dann auf die Teller verteilen und evtl. mit Parmesan bestreuen.

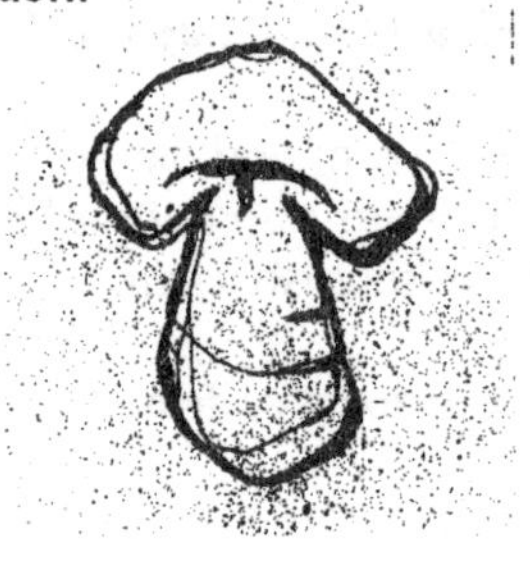

TOFU-KICHERERBSEN-CURRY-RAGOUT

von Mäc Kasperek
Musik: Grotus
„Opiate Of The Masses"
(Trans-Global Underground Remix)

für 3-4 Menschen:
- **500g Tofu**
- **1 große Dose Wasserkastanien (alternativ Walnußkerne)**
- **1 große Dose Kichererbsen**
- **1 großer Eisbergsalat (alternativ Eichblatt-Salat)**
- **1 mittlere Zwiebel**
- **1 Knoblauchzehe**
- **Salz**
- **schwarzer Pfeffer**
- **Curry**

für die Currysoße:
- **ca. 300 ml Gemüsebrühe**
- **Currypulver**
- **trockener Sherry**
- **Zitronensaft**
- **Salz**
- **Mehlschwitze (Mehl in Butter/Margarine gebraten) oder in Wasser gerührte Speisestärke**

1. Zunächst den Salat waschen und abtropfen lassen. Die einzelnen Blätter mit Knoblauch einreiben und als „Bett" auf die Teller verteilen.
2. Dann die Wasserkastanien und die Kichererbsen abgießen, abwaschen, die Kastanien vierteln und mit den Erbsen in ein Schälchen geben.

3. Tofu in kleine Würfel schneiden und mit Currypulver, Salz und schwarzem Pfeffer würzen, dann ab damit in den Wok oder eine beschichtete Pfanne, und zusammen mit der kleingehackten Zwiebel anbraten.
4. In einem Topf erhitzt ihr die Gemüsebrühe , gebt ordentlich Currypulver und ein wenig Salz rein und bindet das Ganze nach Wunsch mit Mehlschwitze (mein Favorit) oder Stärke. Danach abschmecken mit einem Spritzer Zitronensaft und einem guten Schluck Sherry (in die Soße natürlich, nicht in den Hals! Den Rest kann man als Aperitiv reichen).
5. Die Kichererbsen und Wasserkastanien in die Soße einrühren und dann den ganzen Brei zum Tofu in Wok oder Pfanne geben. 7-8 min. durchkochen lassen und auf die Eisbergsalat-Blätter geben.

- Dieses Essen ist nicht nur superlecker und super-healthy (kaum Fett, viel pflanzliches Eiweiß, viele Mineralien und Ballaststoffe), sondern vor allen Dingen superbillig! Tip: Im Asienshop einkaufen!

PASTA MIT GEMÜSESOSSE

Musik: 11 Toes „Pinch"

für 2 Hunger:
- **200g Nudeln nach Lust und Laune**
- **1 kleine Stange Lauch**
- **1 Möhre**
- **1 Paprikaschote**
- **1 Tomate**
- **1/2 Tasse Gemüsebrühe**
- **1 guter Schuß Sahne (oder entsprechend veganes Produkt)**
- **1 TL Tomatenmark**
- **Salz, Pfeffer, Paprika edelsüß, Oregano, Basilikum...**

1. Den Lauch putzen, waschen und in dünne Ringe schneiden. Die Möhre waschen, schälen und in dünne Scheiben schneiden. Die Paprika würfeln und die Tomate auch.
2. Nudeln bißfest kochen.
3. In der Zwischenzeit Lauch und Möhre in etwas Öl andünsten. Nach 3 min. die Paprika und Tomaten dazu und auch etwas andünsten. Dann mit der Gemüsebrühe aufgießen, Gewürze und Tomatenmark dazu und 5-6 min. auf kleiner Flamme köcheln lassen. Aber Deckel drauf!
4. Zum Schluß die Sahne dazukippen, evtl. nachwürzen und die gut abgetropften Nudeln reinschmeißen. Alles vorsichtig durchmischen und gegebenenfalls nochmal etwas erhitzen. Schon fertich!

ORIENTALISCHE MÖHREN

Buchtip: Tom Robbins: „Salomes siebter Schleier"

pro Person:

- **200g zierliche Möhren (am besten Möhren im Bund)**
- **1/2 Tasse Gemüsebrühe**
- **1 TL Sonnenblumenöl**
- **1/2 TL Korianderkörner**
- **3 schwarze Pfefferkörner**
- **Salz**

1. Koriander- und Pfefferkörner in einem Mörser oder mit dem Löffelrücken zerdrücken.
2. Die Möhren gut waschen und evtl. schälen, Grünzeug und Wurzelansatz absäbeln. Dann in einer beschichteten Pfanne ohne Fett leicht anrösten. Salzen, 2-3 EL Gemüsebrühe dazuschütten und etwas einkochen lassen.
3. Koriander und Pfeffer dazu und das Ganze unter Rühren und Schütteln wieder leicht anrösten.
4. Restliche Brühe und Öl dazugeben, Deckel auf die Pfanne und das Gemüse 7-10 min. bei niedriger Hitze garen. Fertig.

- Dazu passen hervorragend Dinkel, Reis, Kartoffeln... und Tunke (Ajoli, Tzatziki...)

Falls mal unerwartet viele Leute bei euch vor der Tür stehen, die tierischen Hunger haben, ihr aber nur noch ein paar olle Kartoffeln, Möhren und Zwiebeln, vielleicht noch ein bißchen Öl und Salz habt, keine Panik, dann macht einfach:

SCHIEB IN DEN OFEN

von Horst/Nasty Vinyl
Musik: The Plugz „La Bamba", falls euch die Mucke etwas zu wild ist, kann's auch „Anarchy" von Chumbawamba sein

1. Öl auf ein Backblech geben, die gewaschenen, halbierten Kartoffeln und Möhren drauflegen (nicht schälen, nicht schrabben!), Zwiebeln schälen und halbieren, ebenfalls drauflegen, Salz drüberstreuen, eventuell ein bißchen Kümmel, ab in den Ofen und bei 200° C ca. 45 min. backen.
2. In der Zwischenzeit könnt ihr eine Ajouli-Soße machen, das geht so: Joghurt und Mayonaise (am besten ist „Miracel Whip") zu gleichen Teilen in einer Schüssel verrühren, dazu 4-5 frische Knoblauchzehen, durch eine Presse gedrückt, geben und mit Salz und Pfeffer würzen.
3. Jetzt holt ihr das Backblech aus dem Ofen, stellt es auf den Tisch, dippt die „Backware" in die Soße und ab in den Schlund.

- Wir empfehlen dazu Bier oder wahlweise Wein. Guten Hunger

KÄSE-GEMÜSE-PUFFER MIT SPINAT

von Carsten und Christiane, die zum Vegetarismus bekehrten...
Musik: Spike Jones & His City Stickers „Greatest Hits"

- **300g Blattspinat, tiefgefroren**
- **2 Zwiebeln**
- **25g Margarine**
- **Salz, weißer Pfeffer**
- **200g Schmelzkäse „Knoblauch"**
- **8 Kartoffeln**
- **1 große Möhre**
- **1 Ei**
- **3 EL kernige Haferflocken**
- **Öl zum Backen**
- **4 Scheiben Schmelzkäse**

1. Spinat auftauen lassen. Zwiebeln schälen und eine davon feinwürfeln und im Fett andünsten. Spinat zufügen und garen. Mit Salz und Pfeffer abschmecken. Käse zugeben und erwärmen.
2. Kartoffeln und Möhre waschen und schälen. Gemüse und die zweite Zwiebel fein raspeln. Ei und Haferflocken sowie 1/2 TL Salz unterrühren.
3. Öl in einer großen Pfanne erhitzen und aus dem Kartoffel-Möhren-Teig acht Puffer von beiden Seiten knusprig backen. Auf vier der Puffer die Spinatfüllung geben, mit den restlichen Puffern abdecken. Nach Belieben obendrauf eine Scheibe Schmelzkäse legen.

GEFÜLLTE PAPRIKA

von Bernhard aus Freiburg
Musik: The Beatles „Red Album"

- **12 kleine (hellgrüne) Paprika**
- **400g Quark**
- **viel Knoblauch**
- **3 Eier**
- **10 schwarze Oliven**
- **ca. 125 ml Gemüsebrühe**
- **2 EL Olivenöl**
- **so 2 EL Creme fraiche**
- **etwas gehackte Petersilie**
- **Salz, Pfeffer, Curry**

1. Von den Paprikas den Deckel abschneiden und „aushöhlen".
2. Die Füllung geht folgendermaßen: Quark, zerdrückter Knoblauch, Eier und kleingeschnittene Oliven verrühren. Mit Salz, Pfeffer, Curry und Petersilie würzen.
3. Die Pampe in die Parika füllen und Deckel drauf. Gemüsebrühe und Öl in einem breiten, flachen Kochtopf zum Kochen bringen. Paprika reinsetzen und 25 min. dünsten. Sind die Paprika fertig, nehmt ihr sie raus und stellt sie zur Seite.
4. Für die Soße die Dünstflüssigkeit etwa zur Hälfte einkochen lassen, Creme fraiche unterrühren und mit Salz, Pfeffer und Curry abschmecken.

- Dazu passen Reis oder Kartoffeln.

von Martin/EA 80

PIKANTER BUCHWEIZEN-AUFLAUF

von Tanja Preuß
Musik: Nine Invisibles „Pureheadspace"

- **1 Zwiebel, feingehackt**
- **2 EL Butter**
- **200g Buchweizengrütze**
- **1 l Gemüsebrühe**
- **250g Möhren, in dünne Scheiben geschnitten**
- **1 kleine Stange Lauch, in feine Streifen geschnitten**
- **Salz, Pfeffer**
- **1 Becher Schmand**
- **1 Bund Petersilie**
- **3 Eier**
- **100g geriebener Emmentaler**

1. Die Zwiebeln in der Butter glasig dünsten. Die Buchweizengrütze mit kaltem Wasser abbrausen und gut abtropfen lassen, dann zu den Zwiebeln geben. Leicht andünsten, dabei ständig rühren.
2. Die Gemüsebrühe langsam dazugießen, aufkochen lassen und Hitze reduzieren. Möhren und Lauch dazugeben. Das Ganze ca. 20 min. köcheln lassen, dabei gelegentlich rühren. Zum Schluß mit Salz und Pfeffer würzen und mit Schmand verfeinern.
3. Gehackte Petersilie mit dem Eigelb verrühren. Das Eiweiß steifschagen und locker unterheben. Alles zusammen mit dem Buchweizengemüse vermischen.
4. Die Masse in eine gefettete Auflaufform geben und dick mit Käse bestreuen. Im vorgeheizten Backofen bei 200° C 15-20 min. überbacken.

- Dazu paßt ein grüner Salat.

REIS-GEMÜSE-PFANNE

von Sylvia & Marco, 25¢ Record Store
Musik: die neue Starmarket, dazu das gute Pott's Landbier mit dem supergeilen Fumpp!-Verschluß

für 2 Hunger:
- **1 Zucchini**
- **1 Aubergine**
- **1 rote oder gelbe Paprika (oder beides)**
- **Tomaten**
- **wahlweise mit oder ohne gequetschte Knoblauchzehe**
- **diverse Gewürze**
- **1 Beutel Reis**

Gemüse in einer Pfanne dünsten und nach Belieben würzen.
Reis nach Anleitung kochen und wenn er gar ist, mit in die Pfanne schmeißen. Alles gut vermischen und fertig ist der Scheibenkleister!

Nur unter größtem Protest meinerseits kam das folgende Rezepte ins Kochbuch! Ich finde es zutiefst widerlich, primitiv und geschmacklos, mußte mir aber anhören, daß ich wohl keinen Spaß verstehen würde. Naja. Bildet euch euer Urteil selbst.

BACKEN MACHT FREUDE

von Archie/Terrorgruppe
Musik: Boney M. „Daddy Cool"

- **2 lachende Augen**
- **2 gutgeformte Beine**
- **2 stramme Milchbehälter**
- **1 pelzbesetzte Rührschüssel**
- **1 große Banane**
- **2 Eier**

1. Man sehe die lachenden Augen, lege die gutgeformten Beine auseinander und massiere die beiden Milchbehälter leicht und zart, bis die pelzbesetzte Rührschüssel gut geölt ist.
2. Öfter mit dem Mittelfinger probieren.
3. Die Banane langsam einschieben, einarbeiten und anschließend mit den Eiern bedecken.
4. Das Brot ist gebacken, wenn die Banane weich ist. Die Schüssel dann gut auswaschen und auslecken.
5. Sollte das Brot aufgehen, empfehlen wir, sich schnellstens zu verdrücken.

AUSTERNPILZE IN WEISSWEINSOSSE

von Daniel/Community Of Filth
Musik: Turbonegro „Ass Cobra"

für zwei:

- **5-7 große Austernpilze (vom Gemüsemann deines Vertrauens)**
- **trockener Weißwein (auf keinen Fall badischen Wein verwenden!)**
- **3 große Zwiebeln (scharf as fuck!)**
- **etwas zerquetschten Knoblauch**
- **1-2 Lorbeerblätter**
- **1 Prise Thymian**
- **Pfeffer, Salz**
- **Zitronensaft**
- **Margarine**

1. Man nehme eine große Pfanne (evtl. vorher mal wieder spülen) und schmore darin die gesamten Zwiebeln, die du selbstredend vorher feinsäuberlich gewürfelt hast, auf kleiner Flamme. Hierzu wird ein Schuß Zitronensaft, eine Prise Salz und etwas Knoblauch beigegeben. Das Ganze dann etwa 5 min. vor sich hin schmurgeln lassen.
2. Die Austernpilze in mittelgroße Würfel schneiden und hinzugeben. Zu den Pilzen gesellen sich 1-2 neckische Lorbeerblätter sowie eine Prise Thymian und Pfeffer (evtl. ein bißchen mehr), 1 EL Margarine und natürlich Weißwein. Eine halbe oder auch eine ganze Tasse (wenn's denn sein muß) wird mit dem restlichen Kram vermischt und so 10 min. auf kleiner Flamme (wichtig!) zu Tode geschmort.

So, wenn jetzt alles ordentlich befolgt wurde, müßte vor euch ein leckeres Mahl stehen. Dann sollte das mit der Nachbarin auch kein Thema mehr sein!

Eigentlich sollte an dieser Stelle ein Rezept für schwäbische Käsespätzle samt Anleitung für den Bau eines Spätzlehobels stehen, aber ein schwäbisches Pilzgericht ist doch auch nicht schlecht, oder?

CHAMPIGNON-AUFLAUF

von Katrin und Michael/
Subway Rec.
Musik: Motorpsycho
„Timothy's Monster"

- **4 Scheiben Vollkorntoast**
- **500g Champignons**
- **2 Zwiebeln**
- **1 große Knoblauchzehe**
- **Salz, Pfeffer, Paprika, Oregano, Basilikum**
- **2 EL frisch gehackte Petersilie**
- **4 hartgekochte Eier**
- **4 große Tomaten**
- **1/8 l saure Sahne**
- **3 EL geriebener Emmentaler**
- **Butter oder Margarine**

1. Das Toastbrot wird in kleine Würfel geschnitten und mit etwas Butter in einer Pfanne schön knusprig braun gebraten. Die Brotwürfel kommen anschließend in eine ausgefettete Auflaufform.
2. Dann werden die Champignons gewaschen, trockengetupft und kleingeschnitten. Die Zwiebeln und die Knoblauchzehe werden in kleine Würfel geschnitten und in Butter oder Öl angebraten, bis sie glasig sind. Dann kommen die Champignons dazu, und alles wird mit Salz, Pfeffer, Paprika, Oregano und Basilikum gewürzt und ca. 10 min. gebraten.
3. Die Hälfte der Petersilie wird jetzt unter die Champignons gemischt und diese werden dann auf die Brotwürfel verteilt.
4. Als nächstes werden die Eier geschält, in Scheiben geschnitten und auf den Champignons verteilt. Die Tomaten werden auch in Scheiben geschnitten und „kranzförmig" um die Eischeiben verteilt.
5. Die saure Sahne wird mit dem geriebenen Käse verrührt und dann über die Eischeiben gegossen.
Der Auflauf wird bei 200° C etwa 25 min. im Backofen überbacken. Kurz vor dem Essen wird die restliche Petersilie über den Auflauf verteilt.

- Am besten schmeckt der Auflauf mit einem frischen Salat.

SCHAFSKÄSE-RÖLLCHEN MIT BULGUR UND BOHNENGEMÜSE

Musik: Dead Moon „Strange Pray Tell"

für die Röllchen:
- **300g milder Schafskäse**
- **100g Weißbrot (ohne Rinde) = ca. 1/2 Baguette**
- **4 EL (Obst-)Essig**
- **4 EL Olivenöl**
- **2 Eier**
- **Salz, Pfeffer, Cayennepfeffer**
- **1 TL gemahlenen Kreuzkümmel**
- **1 TL Paprikapulver**
- **3 EL Paniermehl**

für den Bulgur:
- **2 grüne Peperoni**
- **1 EL Öl**
- **300g Bulgur (Weizengrütze)**
- **1 l Gemüsebrühe**
- **2 TL Paprikapulver**
- **Salz**

für das Bohnengemüse:
- **500g breite, grüne Bohnen**
- **2 Zwiebeln**
- **4 Tomaten**
- **3 EL Öl**
- **2 TL Zucker**
- **Salz**

1. Den Schafskäse mit einer Gabel fein zerdrücken. Das Weißbrot würfeln (ca. 1 cm) und in eine Schüssel geben. Mit Essig und Öl übergießen und ein bißchen rummatschen.
2. Den Schafskäse dazugeben. Die Eier untermischen und gut verrühren. Die Pampe mit Salz, Pfeffer, Kreuzkümmel, Paprika und Cayennepfeffer abschmecken. Dann das Paniermehl untermischen und die Masse mindestens 30 min. in den Kühlschrank stellen.
3. In der Zwischenzeit die Peperoni entkernen und in feine Querstreifen schneiden (waschen nicht vergessen). Das Öl in einem Topf erhitzen, die Peperonistreifen darin kurz andünsten (ca. 3 min.), dann den Bulgur dazukippen und unter Rühren 3 min. mitdünsten. Die Gemüsebrühe reingießen, mit Salz und Paprika würzen. Das Ganze bei kleiner Hitze ca. 30-40 min. köcheln lassen (Bulgur ist fertig, wenn die Brühe weg ist und der Bulgur nicht zu matschig ist ...).
4. Dann die Bohnen waschen und vom Stielansatz befreien; schräg in 3 cm breite Streifen schneiden (je nach Phantasie können natürlich auch Kreise oder Dreiecke ausgeschnitten werden).
5. Die Zwiebeln schälen und fein würfeln. Die Tomaten kreuzweise einritzen und mit kochendem Wasser übergiessen. Dann mit kaltem Wasser abschrecken und die Haut abziehen! (Neiin, das ist nicht die Vegetariervariante von „Schweigen der Lämmer"). Die Tomatenkadaver grob würfeln; Bürzel entfernen nicht vergessen.
6. 1 EL Öl in einem größeren Topf erhitzen und die Zwiebelwürfel darin glasig dünsten. Dann die Tomaten und die Bohnen dazugeben. Mit Salz und Zucker würzen und 1/8 l Wasser reinkippen. 20-30 min. bei kleiner Hitze garen lassen.
7. In der Zwischenzeit könnt ihr

schon mal ein bißchen Öl in eine Pfanne schütten und erhitzen. Mit nassen Händen aus der Schafskäsepampe längliche Röllchen formen (ca. 6 cm lang, 2 cm breit). In 2-3 min. rundum goldbraun braten. Die Röllchen zusammen mit dem Bulgur und dem Bohnengemüse servieren.

EINTOPF MIT CHAMPIGNONS UND GRÜNKERN

Musik: Soup Dragons „Hang-Ten!"

für 8 Personen:

- **250g Grünkernkörner (gibt´s im Naturkostladen)**
- **2 l Gemüsebrühe**
- **1 kg Kartoffeln**
- **2 Zwiebeln**
- **1 Stange Lauch**
- **1-2 Knoblauchzehen**
- **1 kg frische Pilze (wir haben Egerlinge genommen; das sind Champignons mit brauner Kappe)**
- **70g Butter oder Margarine**
- **500gTomaten**
- **250g Creme fraiche oder Sojacreme**
- **1 TL Zitronensaft**
- **1 EL Sojasoße**
- **1 Prise Zucker**
- **Salz, Pfeffer, Curry**

1. Grünkern waschen, in der Brühe zum Kochen bringen, auf kleiner Flamme zugedeckt 25 min. garen.
2. In der Zwischenzeit Kartoffeln schälen und würfeln, Zwiebeln schälen und fein würfeln, Lauch putzen, waschen, halbieren und in feine Streifen schneiden. Knoblauch schälen und durch die Presse drücken oder fein hacken. Pilze evtl. waschen, putzen und je nach Größe halbieren oder vierteln (mundgerecht nennt sich das dann).
3. Fett in einer Pfanne erhitzen und Zwiebeln, Lauch und Knoblauch darin andünsten, danach zusammen mit den Kartoffeln und Pilzen zum Grünkern (inkl. Brühe) geben und 20 min. weitergaren.
4. Die Tomaten kreuzweise am Bürzel einritzen und mit heißem Wasser überbrühen, nach einer halben Minute mit kalten Wasser abschrecken, Haut abziehen und würfeln.

5 min. vor Ende der Garzeit (am besten probieren, ob Kartoffel und Pilze weich genug sind) die Tomaten dazugeben. Creme fraiche, Zitronensaft, Sojasoße, etwas Curry und Zucker unterrühren, abschließend noch mit Salz und Pfeffer würzen.

- Dazu schmeckt Vollkornbrot.

PANIERTER TOFU MIT SOSSE

von Till Neurath
Musik: The Marshes „Fledgling"

1. Tofuscheiben ein paar Stunden in Gemüsebrühe einlegen, rausnehmen und auf einem Küchentuch abtropfen lassen.
2. Die Paniermatsche stellt man folgendermaßen her:
Einfach Sojamilch (oder normale Milch - dann aber nicht vegan - logo) in einen hohen Teller geben, soviel Mehl mit einem Schneebesen reinrühren, bis es eine dickflüssige Masse ergibt und mit Salz, Pfeffer, Paprika, Curry oder was ihr wollt kräftig würzen, fertig!
3. Dann die Tofuscheiben zuerst in etwas Mehl und anschließend solange in der Pampe wenden, bis alles eingesaut ist. Danach ab damit in's Paniermehl. Darin dann solange drehen und wenden, bis alles bedeckt ist (auch Tisch, Boden ... ähm). Zum Schluß den Tofu in Öl oder Fett von allen Seiten goldbraun anbraten.

- Dazu paßt sehr gut Reis und Soße.

So eine Soße kann man auch ganz einfach machen:
1. 1 EL Margarine im Topf erhitzen, wenn sie geschmolzen ist, soviel Mehl einrühren, bis eine breiige Konsistenz entsteht (so ca. 10g Margarine und 10g Mehl); immer schön mit dem Schneebesen rühren, damit es keine Klümpchen gibt.
2. Dann mit ca. 1/4 l Flüssigkeit (eher weniger) aufgießen. Flüssigkeit kann bestehen aus: (Soja-)Milch oder (Soja-) Milch und Wasser. Tüpfelchen auf dem i ist dann „Mamma Sita" - eine Soßengewürzmischung aus dem Asien-Laden. Soviel davon in die Soße geben, bis es euch scharf genug ist. Aber Vorsicht, lieber sparsam anwenden.

Wenn ihr zuviel Tofu gekauft habt, könnt ihr ja am nächsten Tag folgendes Rezept ausprobieren:

TOFU-GEMÜSEPFANNE

Musik: Theatre Of Hate - alles!

- **Tofu**
- **1 Paprika**
- **ein Stück Weißkohl**
- **Sojasprossen**
- **Sojasoße**
- **Kräuersalz und Cayennepfeffer**

1. Tofu in daumennagelgroße Würfel schneiden und relativ lange in einer Pfanne in Ghee oder Öl anbraten, dann eine kleingeschnittene Paprika dazugeben, weiterbraten.
2. Etwas später gehobelten Weißkohl (so zwei Hände voll oder mehr) und Sojasprossen (auch so zwei Hände voll) dazugeben und mit viel Kräutersalz, Sojasosse (auch nicht zu sparsam) und Cayennepfef-

fer würzen. Solange weiterschmoren, bis das Gemüse gar, aber noch knackig ist. Das Gemüse ist, denke ich, auch austauschbar, wenn ihr irgendwelche Reste habt.

- Ach ja - dazu gibt's Basmati-Reis oder Brot.

MAROKKANISCHES GEMÜSE

von der besten Heidi der Welt
Musik: Die Ärzte
„Immer in die Fresse rein..."

für 2 Personen:

- **1 große rote Paprika**
- **1 mittelgroße Aubergine**
- **2 mittelgroße Zucchini**
- **3 EL Olivenöl**
- **Salz, Paprikapulver**
- **1/2 TL gemahlener Kreuzkümmel (Cumin)**
- **4 Knoblauchzehen**
- **Saft von 1/2 Zitrone**
- **1 große Fleischtomate**
- **1 Peperoni**

1. Paprika waschen, auf den Rost (das Rost?) des Backofens legen, Ofen auf 250° C anschmeißen und die Paprika ca. 20 min. darin schmoren lassen - so lange, bis die Haut anfängt, Blasen zu werfen. Am besten legt ihr die Paprika auf Backpapier, sonst verdreckt's den ganzen Ofen. Wenn die Paprika so weit ist, wird sie gehäutet und in schmale Streifen geschnitten.
2. In der Zwischenzeit Aubergine und Zucchinis waschen, von den Stielansätzen befreien und in daumennagelgroße Würfel schneiden.
3. Das Öl in einem breiten Topf erhitzen und die Gemüsewürfel unter Rühren kräftig anbraten. Mit Salz, Paprikapulver und Kreuzkümmel würzen. Den zerquetschten Knoblauch dazu. 1/8 l Wasser und den Zitronensaft hinzufügen und aufkochen.
4. Die Tomate überbrühen, häuten und entkernen. Das Fruchtfleisch in grobe Stücke schneiden und mit den Paprikastreifen in den Topf geben. Bei schwacher Hitze etwa 3 min. köcheln, dabei gelegentlich umrühren.
5. Die Peperoni waschen, längs aufschlitzen und die Kerne entfernen. In schmale Ringe schneiden und unter das Gemüse mischen. Alles im offenen Topf etwa 5 min. köcheln, bis fast alle Flüssigkeit verdampft ist. Dabei immer wieder umrühren.

- Dazu passen Fladenbrot, Reis, Bulgur, Kartoffeln, Nudeln...
- Schmeckt auch lauwarm ganz lecker.

VEGGIE BURRITOS

von Steve Karp/Yuppicide, Front Toward Enemy
Musik: best prepared and eaten to old hardcore/punk/skaterock bands like Agent Orange, T.S.O.L., early Bad Religion, Decry, Youth Brigade

- **5-6 gekochte Kartoffeln, gewürfelt**
- **2-3 Möhren, grob geraspelt**
- **ein paar geschnibbelte Pilze**
- **1 große Dose Mais, Flüssigkeit abgießen**
- **1 große Dose schwarze Bohnen, Flüssigkeit abgießen**
- **2 Pakete Kochbeutelreis**
- **1 Flasche Salsa (mexikanische Soße)**
- **1 Zwiebel, gewürfelt**
- **1 Knoblauchzehe, gewürfelt**
- **1 rote Paprika, gewürfelt**
- **2 Tomaten, gwürfelt**
- **(vegane) Creme fraiche**
- **Tortillas (gibt´s mittlerweile im Supermarkt)**

1. Zwiebeln und Knoblauch in pflanzlichem Öl andünsten, bis sie goldgelb sind. Dann Kartoffeln, Möhren und Paprika dazu, weiterdünsten. Später Pilze, Mais und Bohnen dazu. Etwas Margarine hinzufügen, damit die ganze Sache saftig bleibt.
2. Den Reis kochen und danach mit einem Teil der Salsa-Soße vermischen.
3. Wenn das Gemüse fertig ist, mit dem Reis vermischen und mit etwas Creme fraiche eindicken. Evtl. noch etwas (Soja-)Käse hinzufügen. damit´s dicker wird.
4. Tortillas anwärmen und mit einem Eßlöffel die Reis-Gemüse-Mischung einfüllen. Obendrauf noch etwas Creme fraiche und Tomaten und aufrollen. Je nach Geschmack mit mehr oder weniger Salsa-Soße und Creme fraiche anrichten.

KOHLRABI IN SAHNESOSSE

Musik: Queerfish „The B-Punk Era"

- **500g Kohlrabi**
- **4 EL Wasser**
- **20g Butter oder Margarine**
- **10g Mehl**
- **1/4 l Sahne (oder Milch)**
- **Petersilie, Salz**

Die geschälten und halbierten Kohlrabi auf dem Gurkenhobel hobeln. Wasser und Butter (Margarine) erhitzen. Die mit Salz bestreuten Kohlrabi darin andünsten, Mehl überstäuben, mit Sahne oder Milch auffüllen und noch 10-15 min. bei kleinster Flamme ziehenlassen. Zuletzt die gehackte Petersilie zufügen.

- Dazu passen zum Beispiel Kroketten oder so.

KRÄUTERPIZZA

Musik: New Wave Hookers
„Kings In Slatanic Service"

für den Teig:
- **1 TL Trockenhefe aus der Tüte**
- **150 ml lauwarmes Wasser**
- **1 Prise Zucker**
- **225g Vollkornweizenmehl**
- **1/2 TL Salz**

für die Sauce:
- **1 gehackte Zwiebel**
- **1 Knoblauchzehe, zerdrückt**
- **1 Dose Pizzatomaten**
- **2 EL Tomatenmark**
- **Salz, Pfeffer**
- **1/2 Lorbeerblatt**
- **1 TL gehacktes Basilikum**
- **Öl**

für den Belag:
- **1 TL getrocknetes Oregano**
- **1/2 TL getrockneter Thymian**
- **75-100g Mozzarella, grob gerieben**
- **1 EL frisch geriebener Parmesan**

1. Für den Teig die Hefe in einer Tasse mit 2 EL warmen Wasser und der Prise Zucker auflösen. An einem warmen Ort 10 min. gehenlassen, bis die Hefelösung schaumig ist (Die Tasse mit einem Tuch bedecken und auf die Heizung oder bei max. 50° C in den Ofen stellen und warten).
2. Das Mehl mit dem Salz in eine große Schüssel geben. In die Mitte des Mehls eine Vertiefung drücken und die aufgelöste Hefe und das restliche warme Wasser hineingießen. Mit den Knethaken (wichtig! Sonst knallt dir der Teig um die Ohren) des Handrührgeräts einige Minuten kneten, bis sich der Teig von der Schüssel löst; gegebenenfalls noch etwas Wasser zugießen. Den Teig in eine leicht geölte Schüssel legen (am besten die schon benutzte) und zugedeckt an einem warmen Ort (ihr wißt bescheid) ca. 1/2 Stunde stehen lassen, bis er sich verdoppelt hat.
3. In der Zwischenzeit die Soße zubereiten. Und das geht so: Zwiebel und Knoblauch in einem Topf mit Öl andünsten, Dosentomaten und Tomatenmark dazugeben, umrühren. Salz, Pfeffer und Lorbeerblatt zugeben und auf kleiner Flamme köcheln lassen. Am besten ca. eine Stunde, denn dann ist die Soße schön dickflüssig. Am Schluß das gehackte Basilikum zugeben und umrühren.
4. Wenn sich der Teig verdoppelt hat, legt ihr ihn auf eine bemehlte Arbeitsfläche. Noch einmal 2-3 min. kneten und in zwei Hälften teilen. Den Ofen auf 220° C vorheizen. Dann jedes Teigstück ziemlich flach ausrollen, so daß sich ein dünner Fladen von ca. 25 cm Durchmesser ergibt.
5. Die beiden Fladen auf ein mit Backpapier ausgelegtes Backblech legen, jeweils mit der Hälfte der Tomatensoße bestreichen und mit der Hälfte der Kräuter bestreuen. Jetzt noch den Mozzarella darüber verteilen und den Parmesan daraufstreuen.
Etwa 12 min. im Backofen backen, bis die Teigränder gebräunt sind und die Mitte sich leicht verfärbt hat.

BROCCOLI-BLUMENKOHL-ROLLEN

von Frank Köhler/
Crucial Scum-Tapes
Musik: Black Flag
„Everything Went Black"

- **Blätterteig-Scheiben (aus der Tiefkühltruhe)**
- **Broccoli**
- **Blumenkohl**
- **Zucchini**
- **gehobelte Mandeln**
- **Käse (Gouda oder Emmentaler)**
- **Sahne**
- **Pfeffer, Salz**
- **evtl. Bananen**

1. Broccoli und Blumenkohl in Röschen teilen und anschließend in Salzwasser bißfest kochen. Auskühlen lassen.
2. Zucchini in feine Scheiben schneiden (evtl. vierteln), den Käse raspeln. Sahne leicht aufschlagen und mit Salz und Pfeffer würzen.
3. Broccoli und Blumenkohl zerkleinern, mit den Zucchini, Mandeln, Käse und der gewürzten Sahne (nicht zuviel Sahne nehmen...) vermischen und ´ne halbe Stunde durchziehen lassen.
4. Die Blätterteigscheiben vorsichtig ausrollen, die vorher zubereitete „Masse" auf den Blätterteig geben und einrollen.
5. Jetzt noch das Ganze bei 200°C auf der mittleren Schiene im Ofen ca. 30-40 min. backen. Aufpassen müßt ihr schon selber...

- Eine besonders „exotische" Note kann man dem Ganzen geben, wenn man unter die Masse noch Bananenscheiben mischt. Dazu kommt ein lieblicher Rosé echt gut...

Das waren noch Zeiten, als mir ein netter junger Mann am Ruhr-Kolleg verstohlen ein Glas mit einem grünen, stark duftenden Etwas in die Hand drückte... Was für eine Köstlichkeit das war, offenbarte sich uns abends auf´m Küchentisch. Pesto! Zusammen mit Spaghetti eine äußerst delikate Angelegenheit.

PESTO

von Rafael Ceglarek
Musik: Meat Puppets

für ca. 10 Portionen (dann hat mensch nur einmal die Arbeit):
- **125g tiefgefrorenes Basilikum (besser ist natürlich frisches...)**
- **200g frisch geriebener Parmesan (evtl. mit Pecorino mischen)**
- **50g Pinienkerne**
- **12 große Knoblauchzehen (je nach Geschmack...)**

- ca. 3 TL Salz
- 60 Drehungen Pfeffer aus der Mühle
- 1 TL Paprika edelsüß
- ca. 375 ml Olivenöl (wichtig!)
- 1 TL Instantgemüsebrühe

Pesto ist völlig easy zu machen. Einfach alle Zutaten in den Mixer und gut durchmatschen. Die Konsistenz sollte dickflüssig sein; also evtl. etwas mehr Olivenöl dazu.
Zum Schluß nach eurem Geschmack evtl. nachwürzen.

- Achja - Pesto wird kalt über die Pasta gegeben und hält sich durch den hohen Olivenölanteil locker 1-2 Wochen im Kühlschrank.

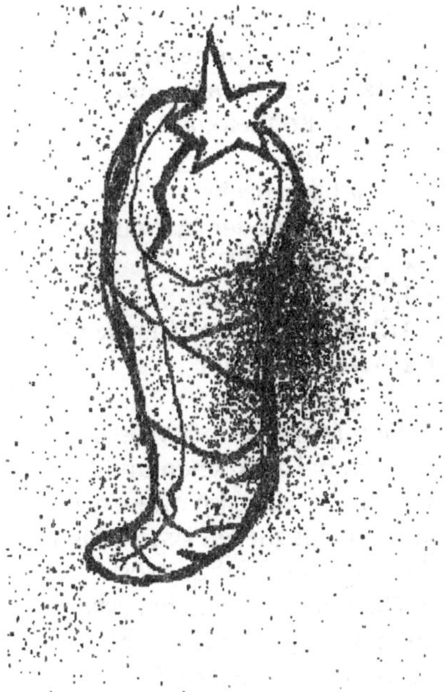

CHAMPIGNONS IN KNOBLAUCHSOSSE

von Mario Roth
Musik: Bullet Lavolta „The Gift"

für 2-3 Personen:
- **500 ml Milch**
- **1 gehackte Zwiebel**
- **Salz, Pfeffer**
- **1/2 TL Majoran und Basilikum (getrocknet)**
- **2 TL Vollkornweizenmehl**
- **5 oder mehr Knoblauchzehen (durch die Presse gedrückt)**
- **250g Champignons, evtl. grob zerkleinert**
- **300 ml Gemüsebrühe**
- **100g Mozzarella (kleingeschnitten)**

1. Backofen auf 200° C vorheizen, dann die Milch (bis auf ein paar EL) mit der Zwiebel, den Kräutern und Gewürzen erhitzen.
2. Die restliche Milch mit dem Mehl glattrühren und ein bißchen von der heißen Milch dazugeben. Jetzt diese Mischung in den Topf mit der heißen Milch schütten und gut verrühren (bis die Soße dick ist).
3. Die Pilze waschen und in der Brühe dünsten. Aus dem Topf nehmen und in eine Auflaufform geben.
4. Den Knoblauch in die Soße geben. Die Soße gießt ihr dann über die Pilze, bestreut alles mit dem Mozarella und dann 10 - 15 min. in den Ofen.

SPINAT-CHAMPIGNON-GRATIN MIT SALBEI-WALNUSS-KARTOFFELN

von Anja und Fritte
Musik: Newtown Neurotics

- **1kg frischer Blattspinat - fertiggegart und mit Muskat verfeinert**
- **250g pikant angemachter Quark (frei Schnauze)**
- **250g frische Champignons - blättrig geschnitten, in Butter 10 min. angebraten,**

mit Salz und Pfeffer abgeschmeckt.

- **3 bis 4 EL Sahne**
- **3 EL geriebener Käse (freie Auswahl), kann auch gerne mehr sein**

In eine gefettete Auflaufform lagenweise schichten:
Spinat - Kräuterquark - Champignons.
Dann die Sahne drübergießen und mit dem Käse bestreuen.
Ofen auf 200° C und alles ca. 15 min. überbacken.

Dazu gibt's Salbeikartoffeln:

- **1kg Kartoffeln - gekocht und ungeschält geviertelt**
- **3-4 Knoblauchzehen - gepresst (bzw. Menge nach persönlichem Geschmack)**
- **1 Handvoll frische Salbeiblätter (wichtig)**

2 EL Butter in eine Pfanne packen und Knoblauch anbraten, danach die Kartoffelviertel dazugeben und ebenfalls anbraten.
Mit je 1 Prise Kräutersalz und Pfeffer sowie den Salbeiblättern die ganze Angelegenheit abschmecken.

- 1 Handvoll Walnüsse

untermischen.
Tja das war's schon. (Zubereitungszeit: ca. 2 Stunden)

POLENTA-SCHNITTEN MIT BOHNENGEMÜSE

Musik: Snuf
„Flibbiddydibbiddydob"

- **250g Maisgries (Polenta)**
- **1 1/4 l Wasser**
- **Salz**
- **1 Bund Petersilie**
- **750g frische grüne Bohnen (od. 2 Pakete gefrorene à 300g)**
- **1 Bund Bohnenkraut**
- **1 Zwiebel**
- **1 Knoblauchzehe**
- **1 EL Butter oder Margarine**
- **2 EL Olivenöl**
- **1 vollreife Tomate**
- **1/2 Becher Creme fraiche (100g)**
- **schwarzer Pfeffer**

1. Den Maisgries mit Wasser und Salz einmal aufkochen und bei sehr schwacher Hitze im offenen Topf ca. 45 min. ausquellen lassen, bis sich der Brei vom Topfrand löst.
2. Die Petersilie waschen, die Blättchen abzupfen und fein hacken, nach 30 min. Quellzeit unter den

Maisgries mischen. Die Polenta auf ein Backblech streichen und ca. 20 min. trocknen lassen, bis sie schnittfest ist. Dann in etwa 2 x 5 cm große Stücke schneiden.
3. Die Bohnen waschen, trockenschwenken und von Stiel- und Blütenansätzen befreien.
4. Die Zwiebel und die Knoblauchzehe schälen und feinhacken. Die Butter oder Margarine in einem Topf erhitzen und Zwiebeln und Knoblauch darin anbraten. Die Bohnen und 2 EL Wasser dazugeben. 2/3 des Bohnenkrauts auf die Bohnen legen und das Gemüse mit Salz würzen. Die Bohnen zugedeckt in etwa 10 min. garen (mittlere Hitzezufuhr).
5. Das Öl in einer großen Pfanne erhitzen. Die Polentascheiben darin rundherum goldbraun braten, herausnehmen und warmhalten.
6. Die Tomate kurz überbrühen, häuten und würfeln, dabei den Stielansatz und die Kerne entfernen. Die Tomatenwürfel und die Creme fraiche unter die Bohnen mischen und alles zugedeckt weitere 5 min. köcheln lassen.
7. Das restliche Bohnenkraut sehr fein hacken. Jetzt das unzerkleinerte Bohnenkraut aus dem Gemüse nehmen und die Bohnen mit Pfeffer abschmecken, mit dem frischen Bohnenkraut bestreuen und zu den Polentascheiben servieren.

- Das Rezept ist übrigens auch für eingefleischte Bohnenhasser zu empfehlen. Schmeckt soo lecker! Von wegen „wie bei Muttern"...

BOHNEN SÜSS-SCHARF

von Jörg Schreiter
Musik: Jingo De Lunch
„Perpetuum Mobile"

- **1 große Dose Kidney-Bohnen**
- **50g Öl oder Margarine**
- **750g Lauch (so´n knappes Pfund geputzt)**
- **250g Äpfel (gut geeignet sind Boskop)**
- **1 TL Honig**
- **1 Prise Zimt**
- **etwas Tabasco-Soße (Obacht!)**
- **Salz**

1. Geputzten Lauch in Streifen schneiden, in Öl bzw. Magarine leicht anbräunen, dann wenige Minuten dünsten.
2. In der Zwischenzeit Äpfel schälen, stückeln, zum Lauch geben und das Ganze ca. 2-3 min. garen. Evtl. noch etwas Bohnenbrühe hinzugeben.
3. Wenn alles gar - aber noch bißfest - ist, die Bohnen ohne Flüssigkeit beigeben und pikant mit Honig, Tabasco-Soße, Zimt und Salz abschmecken.
4. Um seinen Mitmenschen später eine übermäßige Faulgasbelästigung zu ersparen, kann man noch einen Spritzer Essig dazugeben.

- Zu dem Gericht kann man/frau Weißbrot reichen und vielleicht noch einen leckeren Rohkostsalat zaubern.

Eigentlich wollten wir ja schon eine Gesellschaft zur Ausrottung der Aubergine gründen, denn für uns war das Zeug ein völliges Ungemüse, das irgendwie niemand mag. Wir haben's uns dann doch anders überlegt und das ein oder andere Rezept gefunden, wo die Aubergine ganz okay kommt... Also: das nächste Rezept ist Susanne von der Telekom gewidmet. Los geht's.

GEGRILLTE AUBERGINEN

Musik: Raw Power
„Screams From The Gutter"

für 2-3 Personen:

- **1 EL Essig**
- **2 EL Öl**
- **Salz, Pfeffer**
- **1 große Aubergine, in etwa 5 mm dicke Scheiben geschnitten**
- **3 TL Sesamkörner**

1. Essig, Öl, Salz und Pfeffer verrühren. Auberginenscheiben damit bestreichen und in eine Auflaufform packen. Am besten schmeckt's, wenn die jetzt erstmal ein bißchen durchziehen ('ne Stunde oder so).
2. Dann bei 175° C in den Backofen und warten, bis die Scheiben schön braun sind. Umdrehen, und die andere Seite auch braun werden lassen.
3. Kurz bevor das Ganze aus dem Ofen kommt, nochmal mit der Mischung bestreichen, mit dem Sesam bestreuen und warten, bis die Körner goldbraun sind. Fertig!

- Dazu paßt sowas wie Tzaziki und Brot.

NUSSBRATEN

von Anja „Greenpeace" Oesterhelt
Musik: Texas Is The Reason
„Do You Know Who You Are"

- **100g Erdnüsse**
- **30g Cashewnüsse**
- **70g Mandeln**
- **70g Sonnenblumenkerne**
- **1 Päckchen Backpulver**
- **100g gekochter Reis**
- **4 Eier**
- **200g Zwiebeln, fein gehackt**
- **2 EL Hefeflocken**
- **2 TL Paprika**
- **2 TL Thymian**
- **2 TL Majoran, oder andere Gewürze**

1. Die Nüsse mit Hilfe einer Küchenmaschine oder eines Mixers kleinhacken.
2. Reis extra im Mixer zerkleinern. Dann alle Zutaten zusammenmischen, zu einer Art Braten formen und in eine Kastenform oder Auflaufform setzen. Im Backofen bei 160° C ca. 40 min. backen.

- Kann auch prima kalt gegessen werden.

- Sehr lecker dazu ist z.B. eine Paprikasosse (siehe rechts

PAPRIKASOSSE

- **600g Zwiebeln, fein gehackt**
- **100g Tofu, gewürfelt**

in Butter andünsten.

- **200g Champignons, gewürfelt**
- **2 TL Paprika**

dazugeben und köcheln lassen.

- **3 EL Mehl**
- **1/4 Tasse (Soja-)Milch**

in einem Glas verrühren und dann dazugeben.

- **1/4 Tasse Weißwein**
- **2 Tassen heißes Wasser**

dazugeben und köcheln lassen. Ständig rühren und nach Geschmack würzen.

KRAUT-NUDELN

Musik: Hüsker Dü „Zen Arcade"

für zwei Menschen:

- **250 g beliebige Nudeln (Spiralen machen Laune)**
- **1 kleine Dose Sauerkraut**
- **1 kleine Zwiebel, fein gewürfelt oder in Ringe geschnitten**
- **Salz, Pfeffer**
- **Butter oder Margarine**
- **evtl. geriebenen Käse**

1. Nudeln in Salzwasser gar kochen und anschließend abschrecken.
2. Danach Fett in den leeren Nudeltopf geben, schmelzen, Zwiebeln darin goldbraun anrösten und anschließend die Nudeln darin schwenken (erfordert schon einiges Geschick, ähm...).
3. Jetzt das auseinandergezupfte Sauerkraut untermischen, etwas brutzeln lassen und mit Salz und Pfeffer würzen. Wenn ihr Lust auf Pampe habt, könnt ihr jetzt noch den Käse dazupacken.

Schon könnt ihr fürstlich speisen.

- Kann auch gut mit gekochtem Sauerkraut gemacht werden - so resteverwertmäßig.

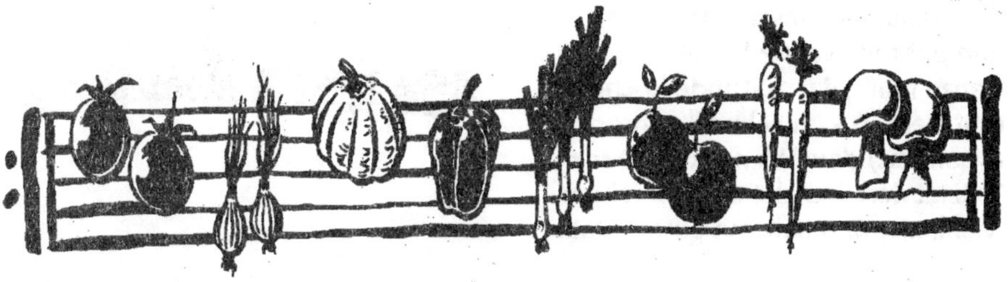

LINSEN MIT SPÄTZLE

von Ute/X-Mist
Musik: Jon Spencer Blues Explosion „Now I Got Spätzle" oder aber auch James Brown „I'm a Spätzle-Machine"

- **250g Linsen**
- **1 EL Zwiebelschmalz (gibt's im Bioladen und hat sich als hervorragender Ersatz für alle tierischen Schmalze bewährt, denn die geben einfach einen hervorragenden Geschmacksträger bei traditionellen Kohl- und Hülsenfruchtengerichten ab)**
- **1 Zwiebel, klein gewürfelt**
- **1 mehligkochende Kartoffel, klein gewürfelt**
- **1 Lorbeerblatt, Knoblauch, Salz und Pfeffer**
- **je nach Geschmack noch andere Wurzelgemüse (Karotten, Lauch, Sellerie, Petersilienwurzel etc.)**

für die Spätzle:
- **300g feingemahlenes Dinkelmehl**
- **3 Eier**
- **1 gute Prise Salz**

1. Die Linsen waschen und über Nacht in ausreichend Wasser einweichen; das verkürzt die Kochzeit.
2. Die Zwiebel und die anderen Gemüse in Zwiebelschmalz anbrutzeln, dann die Linsen dazugeben und gut mit Wasser bedecken. Das Ganze muß jetzt 1 Stunde köcheln (mit Deckel) - im Schnellkochtopf (Sicomatic) dauert's nur ca. 20 min.
3. Jetzt den Spätzleteig zubereiten: Mehl, Eier und Salz mit einem stabilen Kochlöffel verrühren bzw. schlagen, bis ein zäher Teig entsteht. Er sollte nicht zu fest sein, sonst schmecken die Spätzle nach Gummi; also evtl. kaltes Wasser dazugeben.
4. Großen Topf mit viel Salzwasser aufsetzen.
5. Wenn das Wasser kocht, ein viereckiges Holzbrettchen anfeuchten, einen Löffel Teig draufgeben und mit einem großen, ebenfalls angefeuchteten Messer kleine, dünne Würstchen ins kochende Wasser schaben. Wenn's klebt, das Messer immer wieder anfeuchten.
6. Die Ladung Spätzle kurz aufkochen lassen, dann mit einem Schaumlöffel oder Sieb rausnehmen, kurz unters kalte Wasser halten, abtropfen lassen und in einer feuerfesten Form mit ein paar Butterflöckchen bei 120° C im Backofen warmhalten. Diesen Prozeß solange wiederholen, bis der Teig alle ist - logisch!
7. Jetzt die Linsen evtl. etwas nachwürzen und ein bißchen Mehl drübersieben, damit die Masse dicker wird. Ein Schuß Essig ist Geschmackssache - wir mögen es.
8. Ein paar Sojawürstchen dazu verdoppeln die Kosten für dieses günstige Essen - kann man auch drauf verzichten. Auf keinen Fall aber gekaufte Spätzle verwenden, sonst hast du alles kaputtgemacht!!

GEMÜSE-PFANNKUCHEN

von Katja vom Ort
Musik: Plain Wrap „Original Music For A Generic World"

- **2 Tassen sehr klein geschnittene Gemüsestücke (z.B. Pilze, Zucchini, Zwiebeln, Erbsen, Mais...)**
- **1 Tasse Mehl**
- **1 Tasse Wasser**
- **1 EL Sojasoße**
- **Salz, Pfeffer, Paprika, 8-Kräuter aus der Tiefkühltruhe und was ihr sonst noch so findet**

Alle Zutaten bis auf das Gemüse gut verrühren, danach den Rest dazukippen und nochmal durchmischen und kräftig würzen. Dann Fett in einer (beschichteten) Pfanne erhitzen, 2 Löffel Teig reingeben, etwas verstreichen und nacheinander 6 kleine Pfannkuchen ausbacken. Evtl. überschüssiges Öl mit Küchenpapier absaugen. Das war's auch schon.

- Dazu paßt bestens eine Schüssel Salat.

BRATLINGE

Bratlinge müssen mittlerweile zu jeder Gelegenheit stellvertretend für vegetarisches Essen herhalten müssen. Aber diese hier sind ziemlich klasse und können wie alle Pseudofrikadellen auch kalt (z.B. als Burger) gegessen werden; aber das wisst ihr sicher alle schon lange. Die angegebenen Mengen sind eher reichlich bemessen.

GRÜNKERNLINGE

von Michael Christ
Musik: The B 52's „Play Loud"

- **100g Zwiebeln**
- **100g Möhren**
- **300g Lauch**
- **250g Grünkernschrot**
- **50g Butter oder Margarine**
- **3/4 l Gemüsebrühe**
- **100g gehackte Nüsse oder ganze Sonnenblumenkerne**
- **1 Ei**
- **100g geriebener Käse**
- **100g Vollkornsemmelbrösel (Paniermehl)**
- **2 EL Hefeflocken (gibtz im Naturkostladen oder Reformhaus)**
- **Kräutersalz, Thymian oder Kräuter der Provence, Pfeffer, Muskat**
- **gehackte Petersilie**

1. Zwiebeln schälen, Möhren und Lauch putzen und waschen. Zwiebeln und Lauch in kleine Würfel schneiden und die Möhren grob raspeln.
2. Den Grünkernschrot in der Butter etwas anbrutzeln und danach das Gemüse zugeben. Mit Gemüsebrühe auffüllen und 20 min. bei kleiner Hitze zugedeckt ausquellen lassen.
3. Danach mit allen anderen Zutaten mischen, würzen und 10 min. ruhen lassen.
4. Den Teig zu kleinen Bratlingen formen, in Semmelbröseln oder Vollkornmehl wenden und auf mittlerer Hitze in einer Pfanne in Öl knusprig ausbacken.

ZUCCHINIPUFFER

Musik: Messer für Frau Müller „Senors Crakovajk"

- **1 kg Zucchini**
- **2 große Zwiebeln**
- **je 1 Bund Dill und Petersilie (evtl. gefroren)**
- **2 Eier**
- **1 Scheibe Schafskäse**
- **200g Mehl**
- **Salz**
- **Kokosfett**

1. Als erstes werden die Zucchini geschält (ja!) und mit einer groben Reibe gerieben. Als näxtes die Zwiebeln reiben. So - jetzt noch die Kräuter fein hacken und dann ist erst mal Hände waschen angesagt.
2. Jetzt den Schafskäse mit einer Gabel zerdrücken und mit den Eiern vermischen. Alles zusammen, auch Zucchinis und Zwiebeln, mit dem Mehl vermatschen und gut mit Salz würzen.

3. Der Rest ist jetzt ein Kinderspiel: Ihr erhitzt etwas Fett in einer (beschichteten) Pfanne, nehmt einen Eßlöffel und bugsiert damit Stück für Stück Teig in die Pfanne (ungefähr 1-2 EL pro Puffer). Aber bitte nicht alles auf einmal; es sollen schließlich neckische Plätzchen werden!). Ach ja, den Teig ein bißchen glattstreichen und von beiden Seiten bei mittlerer Temperatur goldbraun anbraten. Schmecken am leckersten, wenn sie noch ganz heiß sind.

- Dazu paßt Zaziki und Salat.

GEMÜSE-QUARK-BRATLINGE

Musik: Instigators „New Old Now"

- **250g Quark (40 %)**
- **80g Vollkornmehl**
- **3 Eier**
- **100g Möhren**
- **1 kleiner Lauch**
- **1/2 Bund Petersilie**
- **Salz und Pfeffer**
- **Öl zum Ausbraten**

1. Die Möhren waschen, putzen und raspeln. Den Lauch waschen und in dünne Scheiben schneiden. Petersilie fein hacken.
2. Den Quark mit Mehl und Eiern verrühren, Gemüse und Petersilie dazugeben. Mit Salz und Pfeffer würzen.
3. Öl in einer Pfanne erhitzen und jeweils 1 gehäuften Eßlöffel Teig reinklatschen und etwas flachdrücken. Soviel Teig rein, bis die Pfanne voll ist. Bei kleiner Hitze von jeder Seite etwa 5 min. braten (goldgelb sozusagen).

- Dazu gibt´s bei uns immer Kartoffelsalat (Kult!!!). Ihr könnt aber auch nur ´ne Soße dazu machen oder Reis oder...

BROTLINGE

von Ole, dem besten Kochbuchillustrator der Welt
Musik: Descendents „Liveage"

für ca. 8 Stück:

- **250g Schwarzbrot**
- **1/2 Zwiebel**
- **Grieß**
- **1-2 EL Buchweizen und/oder Haferflocken**
- **125 g geriebener Käse**
- **1 Ei oder 3-4 EL Sojamilch**
- **1-2 Knoblauchzehen**
- **Gemüsebrühe**
- **Pfeffer & Salz**
- **Petersillie**
- **1 TL Sojasauce**
- **Evtl. Kräuter der Provence oder so**
- **Öl zum Braten**

O.k., schön die Hände gewaschen und los geht´s... Da natürlich kein normaler Mensch freiwillig gerne Schwarzbrot ißt, hier also ein Rezept für diejenigen, die immer schon mal rausfinden wollten, wozu das Zeug denn nun eigentlich gut ist. Und natürlich auch für all diejenigen, die vielleicht versehentlich im Supermarkt den Kram in den Wagen geschmissen haben und nun nicht wissen, wohin mit dem Zeugs.

1. Am besten man nimmt frisches Brot, weil es besser zusammenpappt. Hat aber keiner zuhause. Egal. Also Brot kleinkrümeln und in gut Wasser einweichen lassen, anschließend durch ein Sieb trockendrücken, es darf nämlich alles nicht zu feucht sein.

2. In der Zwischenzeit kann man schon mal die halbe Zwiebel fein zerhacken und wenn man schon gerade dabei ist, auch gleich 1-2 Ästchen Petersilie. Käse reiben. Am besten Gouda oder Emmentaler.

3. Dann eine große Schüssel genommen und die Brotpampe reingetan. Käse, Zwiebeln, Petersilie dazu. Buchweizen und/oder Haferflocken auch schon rein. Jetzt, ganz wichtig, entweder ein Ei zerschlagen oder besser 3-4 EL Sojamilch dazu. Sonst fällt alles beim Braten auseinander. (3-4 EL Sojamilch haben die Bindekraft von einem Ei). Knoblauchzehen reinquetschen. Alles schön durchkneten.

4. Würzen mit der Brühe (max.1 EL), Pfeffer, Kräuter und 'ne Prise Salz dran. Sojasauce nicht vergessen. Nochmal durchkneten. Wenn das Ganze zu trocken ist, evtl. noch ein bißchen Wasser dazu, aber nicht zuviel.

5. Die ganze Masse müßte dann irgendwann so doll pappen, daß man sie mit dem Messer zurechtschneiden kann. Macht sie aber noch nicht. Also weiter durchkneten und Grieß dazugeben, bis die Masse die richtige Konsistenz kriegt. Schmeckt übrigens noch besser mit Grieß. So 5-8 Minuten ziehen lassen.

6. Gute KöchInnen machen sich's in der Zwischenzeit mit dem nächsten Bier schon mal gemütlich, und warten, daß die Pfanne mit dem Öl schön heiß wird, die sie in der Zwischenzeit längst lässig auf den Herd gestellt haben.

7. Dann aus der Masse Bratlinge formen. Wer besonders abgefahren sein möchte, kann den Kram natürlich auch plattwalzen und mit Mamis Weihnachtskeksförmchen super ulkige Bratlinge ausstanzen. Hab's selber allerdings noch nicht ausprobiert.

8. Zum Schluß halt die Brotlinge in die Pfanne reintun und von beiden Seiten broten, äh braten. Haha, kleiner Witz.

Schmeckt gut und ist obendrein auch noch billig. Und das Schwarzbrot kommt dabei auch weg. Hört dazu noch lecker die Descendents „Liveage" und alles wird gut. Wer Bock hat, kann sich ja von mir aus auch 'ne alte Stupids-Scheibe auf den Plattenteller legen.

Bon appetit!

Thanx: Sojamilch-Tip chez Mirko

SEHEN AUS WIE FRIKADELLEN, SIND ABER KEINE

Musik: Daily Terror „Aufrecht"

- **200g geriebener Emmentaler**
- **1 Zwiebel, fein gewürfelt**
- **250g zarte Haferflocken**
- **1/4 l Milch**
- **3-4 Frühlingszwiebeln, in dünne Ringe geschnitten**
- **8-Kräuter (tiefgefroren) oder Gewürze deiner Wahl**
- **Salz, Pfeffer**
- **Sonnenblumenkerne und/oder Kürbiskerne**
- **Öl**

1. Käse, Zwiebeln, Haferflocken, Milch, Frühlingszwiebeln und Gewürze in eine große Schüssel geben, mit den Händen kräftig durchkneten und mit Salz und Pfeffer gut würzen. Den Teig mindestens 1/2 Stunde quellen lassen.
2. Danach kleine Bratlinge formen (kleine Kugeln formen und flachdrücken), auf beiden Seiten Sonnenblumenkerne und/oder Kürbiskerne leicht andrücken und in heißem Öl auf beiden Seiten braun braten.

• **Tip:** Anfangs auf ziemlich hoher Flamme anbraten (1-2 min.), danach geht's auf kleiner Flamme weiter. So werden die Pseudofrikadellen schön knusprig. Noch kultiger werden die in der Friteuse, aber da stinkt immer die ganze Bude nach Fett...

Hier ein ähnliches „Gegenrezept" von Wolfram. Probiert selbst aus, was euch besser schmeckt (hähä...)

HAFERFLOCKEN-KÄSE-BRATLINGE

von Wolfram Röhrig
Musik: aufgrund der äußerlichen Ähnlichkeit mit einer populären Fleischzubereitung empfehle ich als musikalische Untermalung BULLET LAVOLTA

für 1 Bratling wird benötigt:
- **1 EL Milch**
- **2 EL Haferflocken**
- **2 EL Käse (z.B. Gouda)**
- **1 TL Kräuter und Gewürze nach Belieben**

Für mehrere Teile können statt des Maßes „EL" natürlich auch Tassen, Schüsseln etc. verwendet werden. Die Zubereitung ist denkbar einfach: Alle Zutaten gründlich miteinander vermischen, Bratlinge formen und bei schwacher Hitze anbraten - fettich!

• Dazu paßt gut 'ne Soße und/oder Gemüse.

ROGGEN-BRATLINGE

Musik: Social Unrest „Before The Fall"

- **200g Roggenschrot**
- **50g Weizen oder Dinkel, fein gemahlen**
- **Wasser**
- **1 Zwiebel**
- **Majoran, Cayennepfeffer, Kräutersalz, Paprika**
- **100g gemahlene Nüsse**
- **Kokosfett**

1. Getreide in eine Schüssel geben und soviel Wasser zum Schrot/Mehl kippen, daß es gerade bedeckt ist. 30 min. quellen lassen. Das Wasser sollte dann ganz aufgesaugt sein.
2. In der Zwischenzeit die Zwiebel fein würfeln und unter den Teig mischen. Mit den Gewürzen kräftig abschmecken. Nüsse dazu und alles gut durchmischen.
3. Kleine „Frikadellen" formen und in der Pfanne in Kokosfett ausbacken.

Auch billig und gut sind Karottenröstlinge. Könnt ihr einfach mit Kräuterquark und Salat oder mit Dinkel oder Reis oder... essen.

KAROTTENLINGE

Musik: Hole: Live Through This"

- **400g Möhren, fein gerieben**
- **2 EL fein gehackte Petersilie oder/und Dill**
- **2 Eier (funktioniert prima mit Ei-Ersatz)**
- **Salz und Pfeffer**
- **8 EL Weizenvollkornmehl**
- **Kokosfett zum Braten**

Geht ganz schnell: Einfach alles in eine Schüssel packen, verrühren, gut würzen und kleine Bratlinge formen, die ihr sofort in heißem Kokosfett von beiden Seiten goldbraun bratet (mit einem Löffel ein bißchen andrücken).

SALATE

MALLORCA-PROVED-BEANS-SALAD

Musik: NO FX „Liberal Animation"

für eine kleine Grillfete:
- **1 großes Glas weiße Bohnen**
- **je 1/2 rote und grüne Paprika**
- **1 Bund Frühlingszwiebeln**
- **2 Tomaten**
- **1/2 Dose Mais**
- **2 EL (Oliven-)Öl**
- **2 EL Essig**
- **1/2 TL Salz**
- **Pfeffer, frische Gewürze**

1. Zu allererst die Bohnen in ein Sieb geben und gut abtropfen lassen.
2. Um in der Zwischenzeit nicht doof rumzusitzen, könnt ihr jetzt schon mal die Paprika und Tomaten in kleine Würfel und die Frühlinxzwiebeln in feine Ringe schneiden (natürlich erst nachdem ihr sie geputzt habt). Jetzt das ganze Gemüse inkl. dem Mais in eine Schüssel geben und vermischen.
3. Dann noch kurz das Dressing zusammengepantscht, alles über den Salat gekippt und nochmals gut durchgemischt.

- Schmeckt ganz schön klasse und kann gut vorbereitet werden.

Für Splatterfilmfans kommt jetzt das ultimative Rezept:

HIGHWAY-CAR-CRASH-SALAD

oder einfach Rote Rüben-Salat

Musik: Splatterheads „Bot - The Album"

- **500g möglichst kleine Rote Bete (die werden beim Kochen schneller weich)**
- **150g Feldsalat**
- **4 + 1 EL Obstessig**
- **1 Lorbeerblatt**
- **1 Knoblauchzehe**
- **1 TL Kümmel**
- **3 EL Öl**
- **1 Becher saure Sahne (200g)**
- **Saft von 1/2 Zitrone**
- **1 EL Salz**
- **1 EL Zucker**

Am besten bindet ihr euch eine abwaschbare Metzgerschürze um, bevor ihr loslegt, denn das wird jetzt ´ne ganz schöne Sauerei.
1. So, zuerst die Rübchen mit einer Bürste abschrubben (unter Wasser natürlich!), dann in einem Topf soviel Wasser erhitzen, daß die Rüben später bedeckt sind, und je 1 TL Salz und Zucker, das Lorbeerblatt und 4 EL Essig dazupacken. Wenn das Wasser kocht, befördert ihr die Rüben vorsichtig hinein und laßt sie solange bei mittlerer Hitze drin, bis sie weich sind (immer wieder mal mit einer Stricknadel o.ä. reinpieksen). Deckel nicht vergessen. Dauert ca. 30-60 min.
2. Damit ihr in der Zwischenzeit nicht untätig herumsteht, könnt ihr

schon mal das Dressing zubereiten. Und das geht so: 1 EL Essig mit der zerdrückten Knoblauchzehe, dem Kümmel und Salz verrühren und anschließend das Öl unterrühren.
3. In einer anderen Schüssel die saure Sahne mit Zitronensaft und Salz abschmecken und gut verrühren.
4. Dann noch den Feldsalat putzen, gut waschen (am besten Wasser ins Spülbecken einlaufen lassen und den Salat mehrmals darin wässern) und gut abtropfen lassen. Damit legt ihr jetzt vier Teller aus, so dekorationstechnisch, denn darauf werden nachher die roten Beete angerichtet. Und da das Auge ja bekanntlich mitißt (hää?), solltet ihr euch ein bißchen Mühe geben.
5. Wenn die Rüben soweit sind, nehmt ihr sie raus und schreckt sie mit kaltem Wasser ab. Sind sie soweit abgekühlt, daß ihr sie anfassen könnt, geht es an's Schälen. Das macht tierischen Spaß, denn eure Hände verfärben sich auf wundersame Weise dunkelrot... Danach das Gemüse in möglichst feine Scheiben schneiden und noch warm auf dem Feldsalat anrichten.
6. Mit der Essigsoße beträufeln und zum Schluß die saure Sahne dekorativ drauf verteilen. Was für eine Augenweide...
Das Ganze macht zwar etwas Mühe, aber die lohnt sich garantiert, wenn ihr mal etwas Besonderes machen wollt.

ZUCCHINI-SALAT

von Erika Klein
Musik: EA 80 „Zwei Takte später"

- **250g Zucchini**
- **4 Tomaten**
- **2 grüne Paprika**
- **1 Zwiebel**
- **8-10 Oliven**
- **4 EL Öl**
- **2 EL (Kräuter-)Essig**
- **1/2 TL Senf**
- **Salz, Pfeffer, 1 Prise Zucker,**
- **1 EL geschnittener Schnittlauch**
- **1 EL feingehackter Dill (oder getrocknet)**
- **2 hartgekochte Eier**
- **150g Schafskäse**

1. Zucchini und Tomaten in Scheiben, Paprika in Streifen schneiden. Zwiebeln und Oliven in dünne Scheiben schneiden.
2. Öl, Essig und Senf verrühren, mit Salz, Pfeffer und Zucker würzen. Schnittlauch und Dill unterrühren und alles mit dem Salat vermengen.
3. Hartgekochte Eier pellen und achteln, Schafskäse zerbröckeln. Die Hälfte des Käse und die Eier vorsichtig mit dem Salat vermengen, den restlichen Käse darüberstreuen.

SALAT IN SCHICHTEN

von Sabine Folkert
Musik: Paul Roland

- **2 Gläser Selleriesalat**
- **1 Dose Mais**
- **3 Stangen Lauch**
- **1 (kleine) Dose Ananas**
- **1 Glas Miracle Whip**
- **1 Apfel**
- **Mandelblättchen**

Der angesagteste Partysalat! Geht kinderleicht und schmeckt super! Dosen und die Fa. Kraft sind allerdings nicht so doll, aber wir müssen hier einfach mal alle Augen zudrücken und im Kollektiv inkonsequent sein...
Die Dosenzutaten abtropfen lassen. Den Lauch putzen, waschen und die holzig aussehenden Enden großzügig abschneiden; Dann in dünne Ringe schneiden.
Tja, und spätestens jetzt scheiden sich die Geister: Zubereitung nach klassischer Art oder eher pragmatisch? Vielleicht zeige ich euch einfach mal beide Möglichkeiten auf.
1. klassisch:
Die verschiedenen Zutaten in einer Schüssel fein säuberlich übereinanderstapeln. Zum Schluß das Glas Miracle Whip drüber und warten, bis das Zeug langsam durch alle Schichten gedrungen ist (das kann dauern...)
2. pragmatisch:
Alle Zutaten in eine Schüssel schmeißen, Miracle Whip drüber und alles gut verrühren. Fertig. Entscheidet selbst...

KRAUTSALAT

Musik: Seven Sioux „Kind"

- **1 Kopf Weißkohl**
- **1 TL Meerrettich**
- **2 EL Essig**
- **2 EL Öl**
- **2 EL Mayo (kann auch weggelassen werden)**
- **Salz, Pfeffer**

1. Um schönen feinen Krautsalat zu bekommen, ist es am besten, wenn ihr den Kohl mit Hilfe eines Gurkenhobels schneidet. Das geht ruckizucki. Aber auf die Finger aufpassen! Anschließend waschen und gut abtropfen lassen.
2. In der Zwischenzeit die Soße (ohne Salz!) mischen. Einfach alle Zutaten in eine Schüssel geben und mit einem Schneebesen gut verrühren. Die Menge kann entsprechend vergrößert werden, wenn es ein ziemlich großer Kohlkopf war.
3. Als nächstes sind Muckies gefragt. Ihr packt das Kraut in eine große Schüssel, schüttet auf jede Schicht

etwas Salz und knetet alles schön durch. Kein Witz! Auf diese Weise brecht ihr die Strukturen (leider nur die vom Kohl und nicht die der staatlichen Unterdrückung...) auf und erreicht damit, daß das Kraut etwas weicher wird.

4. Zum Schluß das Dressing drüberkippen und alles schön vermischen. Evtl. nachsalzen. Am besten wäre es jetzt, wenn der Salat mindestens 1 Stunde ziehen könnte. Noch besser ist es, den Krautsalat erst am nächsten Tag zu mampfen - dann aber auf Fälle in den Kühlschrank packen.

HARDCORE-SALAT A LA GAGS´N´GORE

Musik: Econochrist „Ruination"

- **1 Dose Artischockenherzen**
- **1 Dose Brechbohnen (oder ca. 400g frische)**
- **halbe, grüne, entkernte Oliven nach Geschmack (ca. 10 St.)**
- **100g zerbröselter Schafskäse**
- **1 gehackte Zwiebel**

Alles in eine Schüssel geben und die Marinade drüberkippen:

- **2 EL Olivenöl**
- **1 TL (Weiß-)Weinessig**
- **mit Pfeffer und Salz verrühren.**

Fertich

CHICOREESALAT MIT FRÜCHTEN

Musik: Cock Sparrer „Guilty As Charged"

- **500g Chicoree**
- **1-2 Bananen**
- **1 Orange**
- **1 Apfel**
- **100g Sahne**
- **3 EL Sonnenblumenöl**
- **etwas Zitronensaft**
- **Kräutersalz**
- **1/2 TL Honig**
- **50g Mandeln**

1. Den Chicoree waschen, putzen und das untere bittere Ende (Strunk) keilförmig herausschneiden. Anschließend die Stauden in etwa fingerdicke Streifen schneiden.
2. Die Bananen schälen und in Scheiben schneiden. Die Orange schälen (die weiße Haut muß auch weg), den Apfel waschen, beides in Würfel schneiden und daruntermischen.
3. Die Sahne mit dem Öl verrühren und mit Zitronensaft, Kräutersalz und Honig fein abschmecken. Über den Salat gießen, unterziehen und den Salat mit den abgezogenen, blättrig geschnittenen Mandeln bestreuen.

„UNSER“ KARTOFFELSALAT

Musik: DayGlo Abortions „Feed USA Fetus“

- **1 kg festkochende Kartoffeln**
- **1 mittelgroße Zwiebel**
- **Essiggurken (nach Belieben)**
- **1 Tasse Gemüsebrühe**
- **Salz, Pfeffer**
- **Essig, Öl**

1. Die Kartoffeln kochen, schälen und noch heiß in ca. 1/2 cm dicke Scheiben schneiden. Die Zwiebel in Würfel schneiden, ebenso die Essigurken. Alles in eine Schüssel kippen.
2. Die warme Gemüsebrühe eßlöffelweise über die Kartoffeln geben, umrühren,und soviel dazugeben, bis sie keine Flüssigkeit mehr aufnehmen. Das Ganze sollte also weder zu naß noch zu trocken sein.
3. Erst zwei bis drei Eßlöffel Essig hinzugeben, dann zwei Eßlöffel Öl. Gut durchmischen und mit Salz und Pfeffer abschmecken. Am besten etwas ziehenlassen.

- Wer will, kann nach dem Essig noch etwas Mayonaise dazugeben.
- Paßt hervorragend zu Bratlingen oder paniertem Tofu!

TORTELLINI-SALAT

von Kay Matten
Musik: Descendents ,oder für die Jüngeren The Queers

- **mind. 250g Käsetortellini oder eine andere vegetarische Sorte aus dem Hause ALDI**
- **1 Glas Mayo (wer´s brauch, kann auch Miracle Whip nehmen)**
- **1 Becher saure Sahne**
- **1 Becher Joghurt**
- **1 Schlangengurke**
- **1 Dose Mais**
- **3-4 Lauchzwiebeln**
- **2 Paprika in Lieblingsfarbe**
- **Salz, Pfeffer, Basilikum, Knofi**

1. Tortellini nach Anweisung kochen, abgießen und gut abtropfen lassen.
2. Gemüse waschen, kleinschnipseln und in eine große Schüssel geben.
3. Sahne, Mayo und Jogi verrühren, ordentlich würzen und alles schön vermischen. Schon fertich!

ENDIVIEN-TOMATEN-SALAT

Musik: Fear „More Beer“

- **4 hartgekochte Eier**
- **1 Kopf Endiviensalat**
- **4 Tomaten**
- **3 EL Essig**

- 1 kleine Zwiebel
- Salz, Pfeffer, Zucker
- 1/2 TL Senf
- 5 EL Öl
- 1/2 Bund Schnittlauch

1. Salat putzen, waschen und in ca. 1 cm breite Streifen schneiden. Tomaten achteln.
2. Aus Essig, feingewürfelter Zwiebel, Senf, Salz, Pfeffer, Zucker und Öl eine Marinade anrühren. Endiviensalat und Tomaten in eine Schüssel geben, die Marinade darübergießen. Alles vorsichtig vermischen.
3. Eier pellen, halbieren und auf den Salat legen. Feingeschnittenen Schnittlauch darüberstreuen. Für die Überdosis Vitamine im Leben!

KAKÄ-SALAT

von Frank Köhler/
Crucial Scum-Tapes
Musik: V.A. „If There's A Will There's A Way" (Tape)

- **750g Kartoffeln, festkochend**
- **2 Zwiebeln**
- **2 EL Essig**
- **1/4 l Gemüsebrühe**
- **150g Erbsen**
- **Radieschen**
- **1 kleiner Kopfsalat**
- **200g Emmentaler (Gouda geht zur Not auch)**

für die Soße:
- **75g Salatcreme**
- **1 Becher Magermilchjoghurt**
- **1 TL scharfer Senf**
- **Currypulver**
- **Salz, Pfeffer und Zucker**

1. Kartoffeln waschen und in der Pelle etwa 20 min. kochen. Danach abgießen, schälen und in Scheiben schneiden.
2. Die Zwiebeln abziehen, würfeln, mit dem Essig und der Gemüsebrühe aufkochen, das Ganze über die Kartoffeln gießen und eine halbe Stunde durchziehen lassen.
3. In der Zwischenzeit die Erbsen etwa 2 min. in Salzwasser blanchieren, dann abspülen und abtropfen lassen.
4. Radieschen in dünne Streifen schneiden (natürlich vorher putzen und/oder waschen, du Depp...).
5. Den Kopfsalat zerpflücken, waschen und abtropfen lassen.
6. Jetzt noch den Käse in dünne Stifte schneiden - am besten nicht mit 'ner Axt...
7. Die Zutaten für die Soße vermischen und nach Geschmack mit Salz, Pfeffer und Zucker würzen.
8. Nun werden noch die Kartoffeln, Erbsen und Radieschen mit der Salatsoße vermischt, auf die Salatblätter verteilt und mit den Käsestiften bedeckt.

- Schmeckt besonders lecker mit Fladenbrot

BOHNENSALAT

von Heiner/Dackelblut
Musik: Leatherface „Mush"

- **2 große Dosen Kidneybohnen**
- **1 Dose Mais**
- **3 Knoblauchzehen**
- **1 Bund Petersilie**
- **4 EL Öl**
- **4 EL Essig**
- **2 EL Cumin (=Kreuzkümmel)**
- **Pfeffer, Salz**

Sommer - herrlich! Alles ist grün draußen und man kann alles frisch kaufen. Für uns heißt es deshalb: Sommerzeit - Dosenzeit. Die Küche bleibt kalt, die Bohnen wollen raus. Mit allem Saft in die ungewaschene Schüssel, Mais abgießen, rein damit. Knoblauch und Petersilie kleinhacken und unterrühren. Pfeffer, Salz, Öl und Essig drüber. Jetzt kommt der Trick: einen satten dreckigen Eßlöffel Cumin rein! Ziehen lassen! Voila! War doch gar nicht so schwer!

- Paßt gut zu Crack, Hustensaft, Picknick, Schlägerei, Camping, Trips, Saufen.

KAROTTENSALAT

von Oma Kristek
Musik: The Stooges „The Stooges"

für 2 Menschen:

- **5 mittelgroße Karotten**
- **1 kleine Zwiebel**
- **Essig und Öl (Distel)**
- **1/2 Becher Creme fraiche oder saure Sahne**
- **ein bißchen Zitronensaft**
- **Salz und Pfeffer**

1. Die Karotten waschen, schälen, fein raspeln und sofort mit ein paar Spritzern Zitronensaft und 2 EL Essig mischen.
2. Die Zwiebel fein würfeln, dazugeben. Creme fraiche oder saure Sahne untermischen und mit Salz und Pfeffer würzen. Am Schluß 1 EL ÖL dazu und nochmal alles gut mischen. Fertig.

BLUMENKOHL-SALAT

Musik: Blumen am Arsch der Hölle „Blumen am Arsch der Hölle"

- **1 Blumenkohl**
- **1 EL Zitronensaft**
- **150g Joghurt**
- **1 EL Kräuter (am einfachsten 8-Kräuter aus der Tiefkühltruhe)**
- **2-3 EL Essig**
- **Salz und Pfeffer**

1. Den Blumenkohl von den Blättern befreien und in mundgerechte Röschen teilen. Anschließend in einer Schüssel Wasser waschen. Danach entweder das Zeug in einem Schnellkochtopf bißfest garen (ca. 5 min.) oder einfach in kochendem (Salz-)Wasser so lange blubbern lassen, bis die Röschen weich genug sind.
2. In der Zwischenzeit den Joghurt mit dem Essig, den Gewürzen und den (gehackten) Kräutern verrühren.
3. Dann die Matsche gut mit dem Blumenkohl vermischen und am besten so ´ne halbe Stunde ziehen lassen. Jamjam.

LOST IN BERLIN

Musik: Swans
„Soundtracks For The Blind"

- **1 kleiner Kopf Spitzkohl (anderer ist zu hart)**
- **2 Tomaten**
- **1 kleine Gurke**
- **1 Zwiebel**
- **ein paar EL Mais (aus der Dose)**
- **2 EL Essig**
- **4 EL Distel- oder Sonnenblumenöl**
- **1/2 TL Kräutersalz, Pfeffer**

1. Den Spitzkohl halbieren, den Strunk herausschneiden und die Hälften jeweils in dünne Streifen schneiden (geht am besten mit dem Gurkenhobel), waschen und abtropfen lassen. Die Gurke schälen, der Länge nach halbieren und in etwas dickere Scheiben schneiden. Die Tomaten halbieren und sehr grob würfeln, die Zwiebel in feine Ringe schneiden.
2. Zum Schluß das Gemüse in eine Schüssel werfen, die Salatsoße zusammenmischen und über den Salat geben. Jetzt noch gut durchmischen und ein paar Minuten ziehen lassen. Fertig!

SAUERKRAUT-SALAT

von Oma Kristek
Musik: SDR 1 (Radio!)

- **1 große Dose Sauerkraut**
- **1 Karotte**
- **1 kleine Zwiebel**
- **1 rote und 1 gelbe Paprika**
- **Dill**
- **2 TL Senf**
- **2 TL Honig**
- **2 EL Öl**
- **Salz**

Die Paprika in schmale Streifen schneiden, die Karotte raspeln und die Zwiebel fein hacken.
Aus Senf, Öl, Honig, Dill und Salz eine Soße rühren, über das Gemüse (samt Kraut) geben und gut durchmischen.

PHANTASTIC-OX-GREEN-BEANS-SALAD

Musik: Green Day „1.000 Hours"

- **500g frische grüne Bohnen**
- **1 kleine Zwiebel**
- **ca. 2 EL Essig**
- **ca. 1 EL Öl**
- **Salz, Pfeffer**
- **evtl. Creme fraiche**
- **1 Zweig frisches Bohnenkraut**

1. Bohnen waschen, Spitzen abschneiden und in etwa 3-4 cm große Stücke schneiden (gammlige Stellen vorher entfernen...).
2. In einem ausreichend großen Topf Wasser erhitzen, wenn's kocht, 1EL Salz dazu und rein mit den Bohnen. Den Bohnenkrautzweig einfach mit ins Wasser geben und nach der Kochzeit entfernen. Ca. 1/2 Std. bei geschlossenem Deckel köcheln lassen - am besten nach 20 min. oder so mal probieren, ob sie schon fertig sind!
3. In der Zwischenzeit die Zwiebel schön fein hacken (es sei denn, ihr seid Zwiebelfetischisten und steht auf würfelzuckergroße Stücke...).
4. Wenn die Bohnen weich, aber noch knackig sind, abgießen, in eine Schüssel damit und mit Essig, Öl, Salz, Pfeffer und evtl. Creme fraiche abschmecken.
So - klasse wär's, wenn ihr den Salat jetzt mindestens 1/2 Stunde oder so ziehen lassen würdet. Aber die Versuchung ist sooo groß, noch lauwarm alles wegzumampfen... ihr könnt's mir glauben!

SÜSSER NUDELSALAT

von Jörg
(immer da, wenn man ihn braucht)
Musik: Samiam „Clumsy"

- **500g Nudeln (Farfalle), bißfest gekocht**
- **500g Mayo**
- **500g Joghurt**
- **1 Becher süße Sahne**
- **1 große Dose Ananas**
- **1 große Dose Spargel**
- **Salz, Pfeffer, Paprika**

1. Mayo, Joghurt und Sahne in eine große Schüssel geben und mit einem Schneebesen verrühren. Die Hälfte vom Dosenananassaft dazugeben, durchrühren, und mit Salz, Pfeffer und Paprika abschmecken (sollte süß schmecken, aber mit einer etwas herben Note).
2. Ananas und Spargel in Stücke schneiden und in die Matsche werfen. Zum Schluß die Nudeln dazu, gut durchrühren und mindestens 6-8 Stunden ziehen lassen.

- Tip: Den Rest Ananassaft mit eiskalter Milch mischen und trinken; genial!

BROT-
AUFSTRICHE

Tausche Linsenpaste gegen Mathe-Nachhilfe... Die Zeiten sind zwar vorbei, aber das Rezept gibt's immer noch. Für Uli, die tapfer die Stellung in Süddeutschland hält:

LINSENPASTE

Musik: REO Speedwagon

- **100g (braune) Linsen**
- **1 gewürfelte Möhre**
- **5 cm kleingeschnittener Lauch**
- **1/2 l Gemüsebrühe**
- **1 kleine Zwiebel**
- **150g Butter oder Margarine**
- **Salz, Pfeffer, Majoran**

1. Die Linsen 2-3 Std. in Wasser einweichen. Danach zusammen mit kleingeschnibbelter Möhre und Lauch in der Gemüsebrühe 20-30 min. weichkochen.
2. In der Zwischenzeit die Zwiebel würfeln und in etwas Butter/Margarine goldbraun braten.
3. 150g Butter/Margarine leicht erhitzen. Alles zusammen im Mixer pürieren, mit den Gewürzen kräftig abschmecken und in kleinen Gläsern mit Deckel kaltstellen.

- Das Ganze ist ca. 1 Woche im Kühlschrank haltbar; läßt sich aber ausgezeichnet einfrieren.

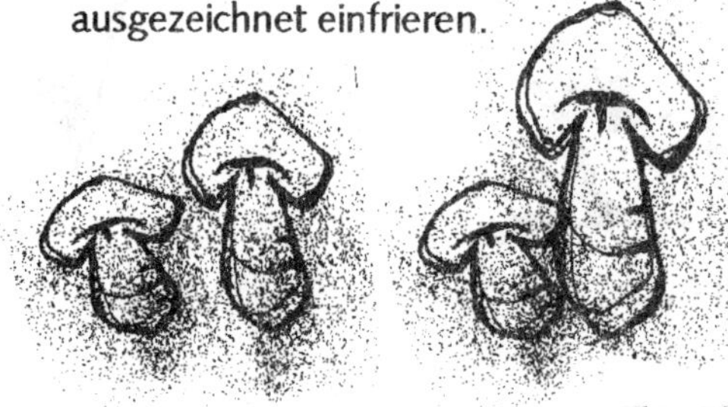

LECKER-QUARK

Musik: Nova Mob
„Shoot Your Way To Freedom"

für 2 Persönchen braucht ihr ca. (läßt sich alles beliebig variieren):
- **250 g Quark**
- **ein paar Schluck Milch**
- **1 EL Öl**
- **Kräutersalz, Pfeffer**
- **1 kleine Zwiebel**
- **ca. 7 cm Salatgurke**
- **1 kleiner Apfel**
- **ein paar Radieschen**
- **2 Tomaten**
- **Dill und Petersilie - beides am besten gefroren, das macht am wenigsten Arbeit...**

1. Quark mit Öl und etwas Milch verrühren und mit Kräutersalz und Pfeffer abschmecken.
2. Dann die Zwiebel schälen und ganz fein würfeln (oder wie ihr wollt), Gurke und Apfel schälen und fein würfeln oder grob reiben. Radieschen und Tomaten waschen und auch fein würfeln.
3. Jetzt noch den Dill und die Petersilie waschen und fein hacken oder eben einfach aus der Tiefkühlbox nehmen und unter den Quark mischen. Fertig.

- Paßt ausgezeichnet zu Pellkartoffeln. Oder einfach nur so.

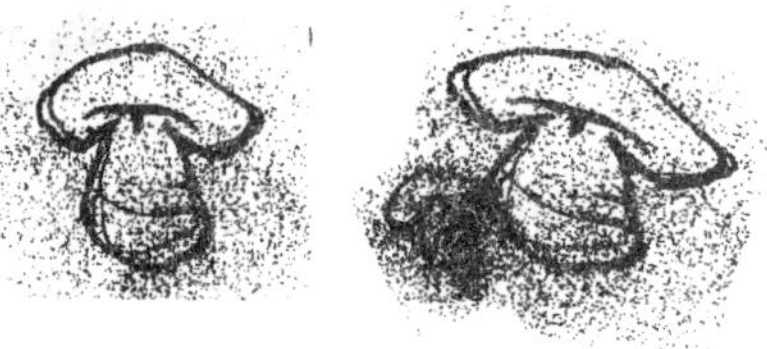

Wer von euch kennt das nicht? Jeden Morgen derselbe Gewissenskonflikt: Kann ich mir ein Nutellabrot erlauben oder nicht? Damit nicht schon das Frühstück zur Qual wird und ihr auf euer geliebtes Braun nicht verzichten müßt, haben wir für euch eine Art Nutella-Ersatz. Kirsten sagt zwar, daß sowas Gesundes gar nicht schmecken kann, aber probiert's doch einfach mal aus!

SCHOKO-HAFER-AUFSTRICH

Musik: Yo La Tengo „Painful"

- **100g Hafer, mittelfein geschrotet**
- **2 EL Carob oder Kakao**
- **je 1 Messerspitze Salz, Zimt, Vanille**
- **100g Wasser**
- **100g Honig**
- **100g Butter**

Den Haferschrot mit Kakao/Carob, Salz, Zimt und Vanille mischen. Wasser, Butter und Honig erhitzen bis die Butter geschmolzen ist, über den Haferschrot gießen und alles gründlich verrühren.

DINKEL-BROTAUFSTRICH

von Wolfram Röhrig
Musik: Minor Threat „Salad Days"

- **125g grob geschroteter Dinkel**
- **1/4 l Milch oder Wasser**
- **125g Kräuterquark**
- **1 EL Butter oder Margarine**
- **Salz, Pfeffer, Knoblauch... nach Belieben**

1. Den Dinkel und die Gewürze mit der Flüssigkeit zu einem wenig appetitlich aussehenden Brei verrühren. Das viel zuviel hineingeschüttete Salz läßt sich nun auch nicht mehr entfernen.
2. Anschließend das Ganze vorsichtig erhitzen ohne daß diesmal wieder alles anbrennt. Allmählich entsteht eine interessant riechende Masse von einer enorm widerlich klebrigen Konsistenz. Sobald sich diese zu einem steinharten Klumpen verfestigt hat, einen letzten Rettungsversuch mit etwas Milch oder Wasser unternehmen.
3. Abkühlen lassen, Butter und Quark dazugeben und beschließen, beim nächsten Mal mit den Gewürzen doch etwas behutsamer umzugehen - fertig.

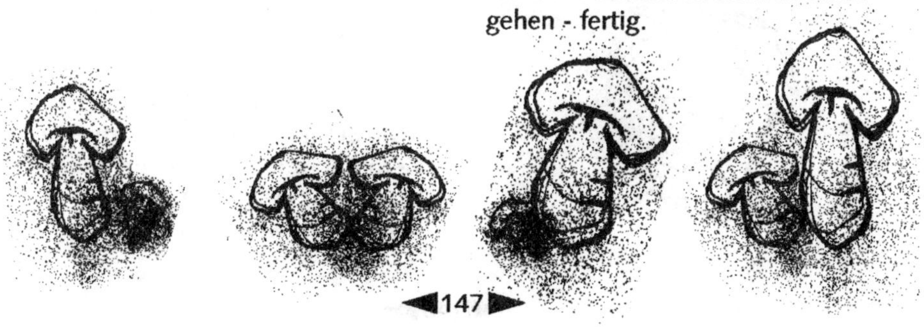

GRÜNKERNCREME

Musik: Skinny Norris „Yuk"

für 40 Leute:

- **500g Grünkernschrot oder -mehl (damit wird's feiner)**
- **1 l Gemüsebrühe**
- **4-5 Zwiebeln**
- **frische Kräuter, je nach Angebot (z.B. Kerbel, Estragon und Petersilie)**
- **400g weiche Butter oder Margarine**
- **4-5 EL Hefeflocken**
- **Salz, Pfeffer...**

1. Gemüsebrühe aufkochen, Grünkernschrot oder -mehl rein, kurz aufkochen und abkühlen lassen.
2. Kleingehackte Kräuter, Hefeflocken und (angebratene) Zwiebelwürfel dazu und gut verrühren.
3. Wenn die Masse kalt ist, kommt noch weiche Butter oder Margarine dazu. Alles gut vermischen und kräftig würzen.

- Hält sich im Kühlschrank ein paar Tage und reicht für ein mittleres Zeltlager.

Jaja, wir wollen's jetzt endlich auch probieren... uns möglichst vegan zu ernähren und so. Doch nach der dritten Woche Räuchertofu auf dem Pausenbrot kommt einem jener beinahe schon zu den Ohren raus... Also ab in die Küche, in den Kühlschrank geglotzt und das genommen, was noch da war, nämlich eine Möhre und eine einsame Stange Lauch. Linsen hat man/frau meist eh im Haus, Gewürze auch und schon kann's losgehen:

NOT-MACHT-ERFINDERISCH-PAMPE

Musik: The Bevis Frond „It Just Is"

- **100g rote Linsen**
- **400 ml Gemüsebrühe**
- **1 kleiner Lauch**
- **1 große Möhre**
- **2-3 EL Sonnenblumenkerne**
- **1 TL Tomatenmark**
- **2 EL Hefeflocken**
- **Salz, Pfeffer, Cayennepfeffer, Paprika, Knoblauch, Delikata (Würzmischung aus'm Reformhaus))**
- **1/2 Päckchen 8-Kräuer oder frische Kräuter**

1. Möhren klein würfeln, Lauch in feine Streifen schneiden. Dann die Gemüsebrühe zum Kochen bringen, Linsen, Möhren und Lauch reinschmeißen und ca. 30 min.

köcheln lassen (jedenfalls so lange, bis alles sehr matschig ist).
2. In der Zwischenzeit könnt ihr die Sonnenblumenkerne in einer Pfanne ohne Fett leicht anrösten. Dann sofort die Hälfte zu der Linsenpampe geben, gut umrühren und das Ganze ohne Deckel weiterblubbern lassen.
3. Ist alle schön matschig und die Flüssigkeit verdampft, gebt ihr die Margarine (natürlich die ohne Tier) in den Topf, lasst sie schmelzen und schmeckt jetzt kräftig mit den angegebenen Gewürzen (oder natürlich auch mit andere Klamotten) ab.
4. Jetzt noch kurz mit dem Pürierstab durch bis eine sämige Masse entstanden ist, restliche Sonnenblumenkerne unterrühren und dann ab damit in kleine verschließbare Behälter. Auskühlen lassen, Deckel drauf und mindestens die Hälfte einfrieren oder verschenken.

- Hält gut 1 Woche im Kühlschrank.

BIRKENSTOCK-TOFU-KRÄUTERCREME

von Benjamin Lustig
Musik: Wipers „Is this real?"

- **1 Schalotte (nein, du Depp, keine Frau, die Charlotte heißt - sonst wär's ja nicht vegetarisch)**
- **1 Knoblauchzehe**
- **je 1 Bund Schnittlauch, Basilikum und Petersilie**
- **150g Tofu**
- **1 EL Sahne**
- **1 EL Zitronensaft**
- **Salz, Pfeffer**

1. Knoblauchzehe und Schalotte schälen und brutal zerstückeln.
2. Die Kräuter waschen und fönen (die Stumpfpunks tun's halt trockenschwenken - aber haut euch dabei nicht ins Auge). Basilikum und Petersilie ohne die großen Stiele fein hacken, den Schnittlauch in feine Röllchen schneiden.
3. Den Tofu abtropfen lassen, dann mit Sahne und Zitronensaft in irgendeine Schüssel geben und solange mit einer Gabel darauf einprügeln, bis es püriert ist und aufgehört hat zu schreien.
4. Schalotte, Knoblauch und Kräuter dazuwerfen (sollte man eine Bekannte namens Charlotte haben, die ganz gern mal in Tofu geworfen werden will, empfehle ich eine Badewanne und 100 mal mehr Tofu.).
5. Wenn bis dahin alles geklappt hat, hat man noch eine Chance, das Ganze zu versauen, indem man/frau zuviel Salz und Pfeffer reinwirft.

- Radieschen dazu sind auch ganz nett.
- Haut den Batz auf Brot, Kartoffeln oder auf Charlotte.

Das hier ist eine Art Quark, der total gut zu Pellkartoffeln, als Vorspeise mit Baguette oder zum Frühstück kommt:

SELBSTGEMACHT-IST-BESSER-ALS-GEKAUFT-DIP

Musik: No Fun At All „Out Of Bounds"

- **1 Packung Doppelrahmfrischkäse (z.B. Philadelphia)**
- **1/2 Bund Frühlingszwiebeln**
- **Salz, Pfeffer, Cayennepfeffer, Knoblauch, Paprika**
- **zur Deko ein paar Halme Schnittlauch**

1. Zuerst den Frischkäse in eine Schüssel packen und mit einer Gabel gut verrühren. Dann schon mal vorwürzen und alles gut vermischen.
2. Jetzt die Frühlingszwiebeln putzen, waschen, in feine Ringe schneiden und mit einer Gabel unter die Masse rühren. Dann nochmal nachwürzen, bis es euch gut schmeckt (nicht so sparsam mit der Paprika sein).
3. Zum Schluß den in Röllchen geschnittenen Schnittlauch oben drauf. Hält gut 1-2 Tage im Kühlschrank. Mmhhh.

KICHERERBSEN-PASTE

Musik: Wipers „Youth Of America"

- **100g Kichererbsen**
- **1 mittelgroße Zwiebel**
- **gemahlener Kümmel, Basilikum, Estragon**
- **Hefeflocken**
- **Butter oder Margarine**
- **ca. 50g geriebener Parmesankäse**
- **Salz, Pfeffer und Chili**

1. Die Kichererbsen über Nacht einweichen, dann solange kochen, bis sie weich sind (das dauert...).
2. Die Zwiebeln fein würfeln und glasig dünsten. Kichererbsen und Zwiebeln in den Mixer packen und zu Brei machen.
Zwei Eßlöffel weiche Butter oder Margarine dazugeben, ebenso zwei Eßlöffel Hefeflocken und den Parmesan. Mit gemahlenem Kümmel, Basilikum, Estragon, Salz und Chili abschmecken.

- Was zuviel ist, könnt ihr gut einfrieren, denn die Paste hält nicht länger als eine Woche im Kühlschrank und für eine kleinere Menge lohnt sich der Aufwand nicht.

HIRSE-TOMATEN-PASTE

Musik: Boxhamsters „Prinz Albert"

für ca. 40 Menschen:

- **500g Hirse**
- **1250 ml Gemüsebrühe**

zusammen aufkochen, 5-10 min. köcheln lassen und dann noch 20 min nachquellen lassen (ohne Hitzezufuhr).

Ist die Masse kalt, kommen dazu:

- **7-8 Tomaten, gewürfelt**
- **400g weiche Butter oder Margarine**
- **frische Kräuter nach Angebot, gehackt**
- **evtl. Knoblauch, zerquetscht**
- **Hefeflocken, Salz, Pfeffer...**

Alles gut miteinander vermischen, fertig!

DER BESTE BROTAUFSTRICH ALLER ZEITEN

Musik: Ox CD-Compilation #27

- **100g mittelfeiner Getreideschot (z.B. aus Hafer und Weizen)**
- **200 ml Gemüsebrühe**
- **100g Margarine**
- **1 rote Paprika, megafein gewürfelt**
- **2-3 Frühlingszwiebeln, fein geschnibbelt; auch das Grün**
- **1 Möhre, grob geraspelt**
- **2 EL Sonnenblumenkerne**
- **2 EL Hefeflocken**
- **Salz, Pfeffer**
- **Paprikapulver scharf, Delikata (Würzmischung aus dem Reformhaus)**
- **1/2 Packung 8-Kräuter (tiefgefroren)**

1. Zuallererst erhitzt ihr die Gemüsebrühe, schüttet dann den Schrot rein und laßt das Ganze unter ständigem Rühren so 3-4 min. einkochen. Flamme aus und ca. 30 min. quellen lassen.
2. In der Zwischenzeit könnt ihr schon mal das Gemüse in etwas Margarine dünsten und zwar so lange, bis es noch einen leichten Biß hat.
3. Als nächstes die Sionnenblumenkerne ohne Fett in einer Pfanne leicht hellbraun rösten.
4. Ist die halbe Stunde um, schmeißt ihr Schrot, Gemüse und Margarine in einen Topf, laßt das Fett schön schmelzen und vermischt alles gut miteinander. Jetzt noch kräftig mit den Gewürzen (incl. Hefeflocken) abschmecken.
5. Zum Schluß schnappt ihr euch den Pürierstab und rührt die Pampe gut durch, bis eine relativ homogene Masse entstanden ist. Jetzt noch die Sonnenblumenkerne unterrühren und fertig. Kööööstlich!

TOFU-AUFSTRICH „CONNE ISLAND“

von Kuddel/Miozän
Musik: Ignite „Embrace“

- **Tofu**
- **Knoblauch**
- **Salz und Pfeffer**
- **Tomatenmark**
- **Zwiebel**
- **Kräuter der Provence**

jeweilige Menge nach Bedarf abchecken!

Tofu mit einer Gabel zerdrücken, Zwiebel(n) und Knofi sehr fein schneiden. Dann alles mit Tomatenmark vermengen und abschmecken.

SCHLECKERMAUL
Süßer Brotaufstrich

Musik: Samiam „As We're Told“

für 40 Menschen:
- **150-200g Haselnußmus**
- **1 kg Quark**
- **Honig und Kakaopulver nach Geschmack**

zum Verfeinern:
- **süße Sahne**
- **Vanillemark...**

Einfach alles nach Belieben zusammenrühren.

Das nächste Rezept ist eine geniale orientalische Vorspeise und heißt

HUMMUS

Musik: Bamix „To Call a Spade a Spade“ (falls ihr bei dem Krach, den der Mixer macht, überhaupt was hört...)

- **1 kleine Dose Kichererbsen**
- **2 EL Tahin (eine Art Sesammus)**
- **2-3 EL Olivenöl**
- **die eine oder andere Prise Salz**
- **1-2 EL Zitronensaft**
- **ein paar schwarze Oliven und Peperoni zur Deko**

Kichererbsen gut abtropfen lassen. Dann alle Zutaten in den Mixer und solange häckseln, bis eine glatte, geschmeidige, homogene Masse entstanden ist. Zitronensaftmenge je nach eurem persönlichen Geschmack.

- Dazu gibt's arabisches Fladenbrot zum Eindippen.

SOSSEN

Selber Salatsoßen zu zaubern ist viel cooler, als so Fertigzeug zu verwenden! Habt ihr schon mal auf die Packung geguckt, was da alles an Mist drin ist? Um euch auf den Geschmack zu bringen bzw. zu zeigen, daß sowas ganz einfach geht, verraten wir euch jetzt unsere Standard-Dressings. Bitteschöööön:

Für Blattsalate und gemischte Salate vorzüglich geeignet:

ALLES ROSA ODER WAS?

Musik: Chumbawamba „Homophobia"

für 2 Portionen:

- **3 EL Mayo (kann teilweise durch Joghurt ersetzt werden)**
- **1 TL Tomatenmark**
- **1 EL Essig**
- **Salz, Pfeffer**
- **1 TL 8-Kräuter aus´m Tiefkühlfach**

Alle Zutaten in eine Schüssel schmeißen und mit einem kleinen Schneebesen solange rühren, bis eine homogene Masse entstanden ist. Wie ihr sicher schon bemerkt habt, ist die Pampe ziemlich fest. Ihr rührt jetzt soviel Wasser unter, bis das Ganze eine trinkjoghurtähnliche Konsistenz hat. Das dürfte mit ca. 1-2 EL Wasser erreicht werden.

Für griechischen Bauernsalat, Chinakohl usw. ist das nächste Dressing gut geeignet:

DRESSED TO KILL

Musik: 7 Seconds „Young Til I Die"

für 2 Portionen:

- **3 EL Öl (Oliven-, Distel- oder Sonnenblumenöl)**
- **3 EL Essig (Obstessig ist pc)**
- **1 EL Wasser, falls ihr eine Salatschleuder benutzt. Salat aus der Schleuder ist nämlich sehr trocken.**
- **1/2 TL Salz**
- **Pfeffer**
- **Kräuter, falls ihr wollt**

Alles inne Schüssel, gut verrühren, fertig.

Für Chicoree, Feldsalat und so kommt die verfeinerte Variante gut:

RUMPEL-STILZCHEN

Musik: Boxhamsters „Es regnet"

- **3 EL Sonnenblumen- oder Distelöl**
- **2 EL Essig**
- **1 TL Senf**
- **1 TL 8-Kräuter, ihr wißt schon, woher...**
- **1/3 TL Salz**
- **Pfeffer**
- **1 EL Wasser, falls der Salat geschleudert wird (sonst ist der zu trocken)**

Für das Herstellen dieser Mixtur eignet sich hervorragend das „Rumpelstilzchen" von Tupperware. Es besteht aus zwei kleinen Bechern, die man/frau zusammenstecken kann - quasi eine Art Mini-Cocktailshaker. Damit lassen sich mühelos und ohne viel Sauerei homogene, klümpchenfreie Dressings herstellen. Wer über derartiges Profi-Equipment nicht verfügt, muß improvisieren. Zur Not funktioniert das nämlich auch, wenn ihr alle Zutaten in ein Schraubglas gebt und etwas schüttelt (der Deckel sollte natürlich vorher draufgeschraubt werden).

angeröstet. Sobald sie aufhören zu knallen und nicht mehr hochspringen, dürft ihr die noch in der Pfanne gebliebenen Körner auf einem Zewawischundweg abtropfen lassen.
2. Im nächsten Schritt werden die Kartoffeln geschält und megafein zerdrückt oder püriert oder wasweißich. Dann den Joghurt cremig rühren, mit Salz und Pfeffer abschmecken, Senfkörner, Kreuzkümmel und Kartoffeln dazu und gut vermischen.

Raitas werden normalerweise zu indischen Gerichten gegessen, um die Schärfe etwas zu mildern. Ich finde aber, daß sie auch ziemlich gut zu „normalen" Reisgerichten oder Bratlingen oder... passen. Probiert's einfach mal aus; z.B. diese hier:

KARTOFFEL-RAITA

Musik: The Nozems
„Hanging Around"

- **1 großes Glas Joghurt**
- **1-2 gekochte Kartoffeln**
- **Salz, Pfeffer**
- **1/2 TL schwarze Senfkörner**
- **1/2 TL Kreuzkümmel gemahlen**
- **Butter oder Margarine**

1. Zuallererst werden die Senfkörner in ganz wenig Butter oder Margarine

TOMATEN-RAITA

Musik: Crucial Youth
„The Posi-Machine"

1. 2 Becher Joghurt in einer Schüssel mit etwas Salz cremig rühren.
2. 1 kleine Zwiebel sehr fein hacken und dazugeben. 1 mittelgroße Tomate enthäuten, Kerne entfernen und das Fruchtfleisch sehr fein schneiden. Auch zum Joghurt geben und alles gut verrühren. Noch einen Schuß Chilipulver dazu, fertig.

- Raita ißt mensch so: Jeder nimmt sich etwas auf seinen Teller und ißt sie zusammen mit den anderen Speisen (ohne sie notwendigerweise mit diesen zu vermischen). Alles klar?

Die ultimative Hartkern-Würzpaste aus Marock-Land - die feurige Würze für totes Tier sowie laffes Veganer-Schnitzel!

HARISSA

von Ingo aus Haan
Musik: Red Hot Chilipeppers - was sonst?

- **100g getrocknete Chilischoten (15g entspricht 1 EL); du kannst auch frische nehmen oder halb und halb**
- **6 Knoblauchzehen**
- **4 EL grobkörniges Salz**
- **6 EL Korianderkörner**
- **4 EL Kreuzkümmel**
- **korrektes Olivenöl**

1. Chilis von Samen und Stielen befreien und sehr klein schnibbeln. Getrocknete Chilis vorher in heißem Wasser quellen lassen. Bei der ganzen Aktion bloß nicht in der Nase bohren oder am Sack kraulen, sonst drohen akute Schleimhautablösungen oder unangenehme Dauererektionen!
2. Knoblauch durch die Presse drücken und mit der Hälfte des Salzes am besten im Mörser fein zerreiben. Die Chilis mit dem restlichen Salz dazu und zu einer geschmeidigen Paste verarbeiten.
3. Kreuzkümmel und Koriander im Mörster zerstoßen und auch dazugeben. Soviel Olivenöl dazu, bis die Paste schön sämig ist. Wer die Sache nachher feudaler portionieren will, sollte noch etwas Tomatenmark unterrühren - aber nicht zuviel, sonst wird's zu tomatig.

- Im verschlossenen Gefäß hält sich die Harissa im Kühlschrank fast unbegrenzt.

AIOLI

von The Great Unwashed
dazu passender Soundtrack: Great Unwashed „Aioli"

- **2 Eigelb**
- **Salz**
- **Knoblauch nach Geschmack (8-10 Zehen dürfen's schon sein)**
- **1 EL Zitronensaft**
- **200 ml Öl**
- **3 EL Olivenöl (kaltgepresst)**

1. Also: Das Eigelb, etwas Salz, gepressten Knoblauch und den Zitronensaft in einer Schüssel schaumig rühren (ganz wichtig! Muß richtig schaumig sein, sonst geht ab da nichts mehr.).
2. Dann das Öl unter ständigem Rührenerst tröpfchenweise (!), dann in einem dünnen (!!!) Strahl beigeben, bis eine cremige Mayonaise entstande ist. Geschafft!
3. Jetzt nur noch das Olivenöl für zum Geschmack unterrühren, und schon ist lecker Knoblauchmayonaise fertig.

- Hält sich 14 Tage lang im Kühlschrank - ist aber eh immer vorher alle. Also guten Lecker!

SWEETIES

MARMELADE

Marmelade selbermachen ist überhaupt nicht schwer. Zudem gibt es gute Gründe, diesbezüglich nicht ins Supermarktregal zu greifen, denn:

- in den Gläsern steckt jede Menge Chemie, manchmal sogar Gelatine!
- wenn ihr die Marmelade selber macht, wisst ihr genau, was drin ist (bzw. was nicht)
- ihr könnt euch das Obst genau aussuchen (am besten ist natürlich, ihr habt einen eigenen Garten, wo das Obst wächst...), das ihr verwendet
- beim Selbermachen könnt ihr den Zuckergehalt selbst bestimmen
- ihr könnt beim Zusammenstellen der verschiedenen Kombinationen äußerst kreativ sein.

Damit auch alles klappt, müßt ihr ein paar Sachen beachten:

- Marmelade braucht Zucker, um haltbar zu sein. Wir stehen auf die Mischung 1:2, d.h.: ein Teil Gelierzucker auf 2 Teile Obst. Das ist nicht zu süß aber noch süß genug. Gelierzucker ist wichtig, denn er enthält Pektin, das für's Festwerden unentbehrlich ist. Wer es weniger süß mag, kann das Verhältnis natürlich ändern, aber dann kann es passieren, daß die Marmelade über kurz oder lang zu Schimmeln anfängt. Laßt die Finger von dieser 2:1-Zuckerfertigmischung, da ist ziemlich viel Chemiemüll drin, den niemand braucht...
- Normalerweise wird der Gelierzucker 1:1 verwendet. Damit die Marmelade auch mit weniger Zuckerzugabe fest genug wird, müßt ihr Pektin zusetzen. Das gibt's z.B. im Bioladen unter dem Namem Konfigel (voll pc). Bei 500g Zucker genügen 2 gehäufte Eßlöffel.
- Unbedingt darauf achten, daß die Früchte vollreif, aber nicht gammlig sind, denn sonst ist die Liebesmüh' völlig vergebens (heißt: Marmelade schmeckt nicht so doll).
- Zum Aufbewahren der Marmelade benutzt ihr am besten Gläser mit Schraubverschluß. Vor dem Kochen spült ihr die gründlich, taucht sie anschließend in heißes Wasser und laßt sie einfach abtropfen (wehe ihr trocknet die ab!).
- Gut sind Kombinationen von süß und sauer, z.B. Erdbeer-Rhabarber, Banane-Rhabarber, Erdbeer-Ananas usw. Aber auch Pfirsich-Nektarine mit Vanillemark und 'nem Schuß Alkohol oder Birne-Nektarine oder ...
- Die Gewichtsangaben in Rezepten beziehen sich immer auf das geputzte und geschnibbelte Obst.
- Es ist ratsam, nie mehr als 1 Kilo Obst auf einmal zu kochen, denn sonst kann es passieren, daß sich die Zutaten nicht gleichmäßig verteilen.

Marmelademachen geht so:

1 kg Obst gewaschen, geputzt und kleingeschnibbelt in einen hohen Topf (wichtig! Kocht ziemlich hoch) geben und die gewünschte Menge Gelierzucker und entsprechend Konfigel dazu. Gut umrühren, bis eine homogene Masse entstanden ist. Jetzt den Herd auf volle Pulle schalten und das Zucker-Obst-Gemisch immer schön umrühren, denn es brennt leicht an. Fängt's im Topf zu blubbern an, ist es an der Zeit, auf

die Uhr zu gucken. Wichtig! Es geht hier um Minuten. Erfahrungsgemäß muß die Marmelade ca. 5 Min. kochen, um dann im kalten Zustand fest zu werden. Flamme jetzt kleiner schalten, aber den Topfinhalt am Blubbern halten. Nach ca. 3 min. die erste „Gelierprobe" machen, und die geht so...

• **GELIERPROBE**

Sie ist wichtig, um zu prüfen, ob die Marmelade fest wird - denn es ist nicht so schön, wenn schon beim Frühstück der Tag gelaufen ist, weil ihr euch alles mit flüssiger Marmelade vollsifft....
Sie funktioniert so: Ein paar Tropfen der Marmelade auf einen Unterteller tropfen, kurz warten und dann gucken, ob der Tropfen seine Form behält oder davonläuft. Ist die Marmelade noch nicht fest genug, wird sie unter Rühren weitergekocht, bis sie die gewünschte Festigkeit erreicht hat. (D.h. ihr müßt die Gelierprobe solange wiederholen, bis das Ergebnis zufriedenstellend ist).

• Wer möchte, kann zum Schluß evtl. noch etwas Alkohol reinkippen (Wein, Likör, Rum...).
Wem die Fruchtstücke zu groß sind, dem kann geholfen werden. Einfach den Pürierstab anwerfen und kurz durch den Topf fahren. Aber Vorsicht: die Marmelade spritzt und ist verdammt heiß!
Danach die Marmelade in einen Rührbecher schütten und in die vorbereiteten Gläser füllen. Bitte die Gläser fast bis zum Anschlag füllen. Falls ihr gekleckert habt, wischt ihr das am besten vor dem Verschließen ab, sonst klebt der Deckel später fest. Dann den Deckel drauf, festdrehen, und für ein paar Minuten auf den Kopf stellen - so entsteht im Glas ein Vakuum, das die Haltbarkeit fördert. Danach die Gläser wieder umdrehen und abkühlen lassen. Fertig. Ist doch gar nicht so kompliziert, oder?

Unser unumstrittener Favorit ist Erdbeermarmelade. Im Juli wird ein Tag ausgeguckt, an dem schon morgens die Sonne dermaßen knallt, daß man's schier nicht aushält, Sonnenhut und Eimer geschnappt und auf geht's zur Erdbeerplantage. Mit hundert anderen Menschen reihen wir uns in die Schlange ein und warten ungeduldig darauf, daß uns „unsere" Reihe zugeteilt wird. Wie jedes Jahr schwören wir uns, nächstes Mal doch etwas früher aufzustehen.
Dann ab in die Hocke und sich durch die Büsche wühlen, um möglichst schnell möglichst viel des begehrten Rots zu ergattern. Am besten immer noch die Büsche neben sich abgrasen - da freuen sich die andern sehr! (Joachim kennt da nix...) Nach einer halben Stunde ist die Ausbeute dann ganz ordentlich, so daß wir nach Hause fahren können. Dort werden die Erdbeeren vorsichig gewaschen, liebevoll abgetrocknet, in Stücke geschnitten und gewogen. Danach wird der große Topf rausgeholt und gekocht, was das Zeug hält. Abends fallen wir dann erschöpft, aber restlos glücklich in's Bett und träumen v158on prallen roten Früchtchen...
An frische Erdbeermarmelade kommt einfach so schnell nix ran!

ERDBEER-MARMELADE

Musik: Ox-Compilation #26

- **1 kg Erdbeeren**
- **500g Gelierzucker**
- **2 EL Konfigel**

1. Erdbeeren vorsichtig waschen, trockentupfen, Bürzel entfernen und je nach Größe halbieren oder vierteln.
2. Großen Topf rausgeholt, Erdbeeren, Zucker und Konfigel rein, gut durchgerührt und volle Lotte heizen.
3. Immer schön rühren und blubben lassen, nach 3 min. die erste Gelierprobe machen usw.
4. Ist die Gelierprobe positiv ausgefallen, rührt ihr kurz mit dem Pürierstab durch, füllt die Marmelade in die vorbereiteten Gläser, verschließt sie und stellt sie für eine Minute auf den Kopf. Umdrehen, fertig.

- Genauso geht's mit Aprikosen oder Nektarinen oder Johannisbeeren oder...

FRÜHLINGS-MARMELADE

Musik: Boxhamsters „Der göttliche Imperator"

- **800g Rhabarber**
- **200g reife Bananen (aber nicht matschig)**
- **500g Gelierzucker**
- **2 EL Konfigel**

1. Zuallererst den Rhabarber schälen und in kleine Stücke schneiden (was 'ne Sauerei...). Rhabarber mit einem Schuß Wasser in einen sehr großen Kochtopf geben und weich dünsten - aber unbedingt umrühren, denn das Zeug brennt verdammt schnell an!
2. Als nächstes die Bananen mit einer Gabel zerdrücken. Bananen, Gelierzucker und Konfigel zum Rhabarber dazugeben, unter Rühren aufkochen und so lange weiterblubbern lassen, bis die Marmelade bei der Gelierprobe schnell fest wird (3-6 min.).
3. Das fertige Zeug sofort in mit heißem Wasser ausgespülte Gläser füllen und gleich verschließen. Schmeckt hyperlecker und verursacht Karies.

ERDBEER-ANANAS-MARMELADE

Musik: Shudder To Think
„Ten Spot"

- **1 Ananas (ca. 1,2 kg, „geputzt" ca. 500g)**
- **500g Erdbeeren**
- **500g Gelierzucker**
- **2 EL Konfigel**
- **2 EL Rum**

1. Die Ananas teilen, schälen, von dem hellen Strunk befreien und in kleine Stücke schneiden (sollten dann so aussehen wie die Stücke aus der Dose).
2. Die Erdbeeren vorsichtig waschen, trockentupfen, den grünen Bürzel entfernen und je nach Größe halbieren oder vierteln.
3. Ananas und Erdbeeren mit dem Gelierzucker gut vermischen, Deckel auf den Topf und über Nacht ziehen lassen.
4. Am nächsten Tag das Konfigel zu der Matsche geben, gut durchrühren und unter Umrühren erhitzen. Wie oben erwähnt, immer schön blubbern lassen, Gelierprobe machen und zum Schluß den Rum reinkippen. Evtl. könnt ihr noch kurz mit dem Pürierstab durchgehen, dann wird das Ganze etwas sämiger.
5. Wie gehabt in Gläser füllen, Deckel drauf, kurz umdrehen, fertig.

Knüllermäßig kommt die selbstgemachte Erdbeersoße. Wir scheißen auf Dr. Oetker & Co. und machen uns die Dessertsoße einfach selber!

ERDBEERSOSSE

Musik: Lemonheads
„Mrs. Robinson"

- **1/2 l frisch pürierte Erdbeeren (ca. 500g Früchte)**
- **200g Gelierzucker**
- **Saft von 1/2 Zitrone**

1. Das Beerenpüree mit dem Zucker aufkochen und unter Rühren 2 min. sprudelnd kochen lassen (die 2 min. zählen wie immer erst, wenn's zu Blubbern anfängt).
2. Danach den Zitronensaft zufügen und sofort in kleine Gläser füllen. Mit einem sauberen Löffelstiel vorsichtig umrühren, damit die Luftbläschen aus der Soße verschwinden. Dann die Gläser sofort verschließen und für kurze Zeit auf den Kopf stellen.

- Konfigel ist hier nicht nötig, da ihr ja eine Soße haben wollt.

ZIMT-TORTE

von Tanja Preuß
Musik: The Beatles
„The Blue Album"

Mürbeteig:
- **200g Weizenvollkornmehl**
- **50g Mandeln**
- **125g Butter oder Margarine**
- **2 EL Honig**
- **1 Ei**
- **1/4 TL Vanillemark**
- **1 Prise Salz**

Belag:
- **2 Eigelb**
- **100g Honig**
- **125 ml Milch**
- **100g gemahlene Mandeln**
- **1 EL Rosinen**
- **je 2 EL Zitronat und Orangeat**
- **2 TL Zimtpulver**
- **2 Eiweiß**
- **100g süße Sahne**

1. Butter, Honig und Ei schaumig rühren, dann Vanille und Salz dazugeben und mit der Weizen-Mandel-Mischung zu einem weichen Mürbeteig kneten (mit den Händen).
2. Eine Kuchenspringform (26 cm) ausfetten, den Teig hineingeben und glattstreichen. Das Ganze für mindestens 30 min. in den Kühlschrank stellen. Die Teigoberfläche mit einer Gabel mehrmals einstechen und bei 220° C etwa 10 min. vorbacken.
3. In der Zwischenzeit Eigelb mit Honig und Milch schaumig rühren. Die Rosinen waschen und abtropfen lassen. Zitronat und Orangeat fein würfeln und mit Zimt und Mandeln zu der Eigelbmasse geben.
4. Eiweiß und Sahne getrennt steif schlagen und vorsichtig unterheben.
5. Den vorgebackenen Teig aus dem Ofen nehmen, etwas abkühlen lassen und den Ofen auf 180° C zurückschalten. Den Belag auf dem Tortenboden verteilen und mit einem nassen Löffel glattstreichen. Dann auf der untersten Schiene im Ofen ca. 30 min. backen und anschließend 10 min. im ausgeschalteten Ofen stehen lassen.

SÜSSER GRÜNKERN-AUFLAUF

von Tanja Preuß
Musik: The Posies
„Frosting On The Beater"

- **1 l Milch**
- **200g Grünkernschrot**
- **40g Margarine oder Butter**
- **125g Zucker**
- **3 Eigelb**
- **50g gehackte Haselnüsse**
- **50g Rosinen**
- **etwas Zitronensaft**
- **1 Prise Salz**
- **3 Eiweiß**
- **400g Äpfel**
- **Zwiebackbrösel**

1. Milch aufkochen, Grünkernschrot zugeben und unter Rühren zu einem dicken Brei kochen. Abkühlen lassen.
2. Margarine, Zucker und Eigelb

zusammen schaumig rühren. Den kalten Grünkernbrei, Haselnüsse, Rosinen, etwas Zitronensaft und 1 Prise Salz zugeben.
3. Eiweiß steif schlagen und vorsichtig unterheben. Die Äpfel achteln und in kleine Schnitze schneiden. Die ganze Masse abwechselnd mit den Äpfeln in eine gefettete Auflaufform füllen. Mit Zwiebackbröseln bestreuen.
4. Im (vorgeheizten) Backofen bei 200° C ca. 35-40 min. überbacken.

- Dazu paßt gut Vanille- oder Weinschaumsoße.

SCHOKO-SCUM

von Benjamin Lustig
Musik: Stupids „Retard Picnic"

- **125g Kartoffeln (mehligkochend)**
- **50g Butter**
- **120g Schoko-Kuvertüre halbbitter**
- **60g Schoko-Kuvertüre Vollmilch**
- **20g Puderzucker**
- **2 Vanilleschoten**
- **1 Prise Salz**
- **5 Haselnüsse**
- **Kakaopulver zum Bestäuben**

1. Kartoffeln schälen, kochen, heiß zerquetschen und abkühlen lassen.
2. Butter und Schokolade in eine Schüssel geben, diese in ein heißes Wasserbad (ihr nehmt einen großen Topf, macht ihn halbvoll mit Wasser, erhitzt dieses und wenn's kocht, setzt ihr die Schüssel rein) stellen, schmelzen und abkühlen lassen.
3. Die Schokomasse mit den Kartoffeln vermischen und Puderzucker, Vanillemark, Salz und kleingehackte Haselnüsse dazugeben (es macht übrigens viel Spaß, die Nüsse zu hacken: nimm die Nüsse, wickel sie in ein Handtuch und hau dann mit dem stärksten Hammer den du finden kannst solange drauf, bis dir entweder die Hand wehtut oder du daneben schlägst und die Küche fluchtartig verlassen solltest).
4. Umrühren und wieder lustig kalt werden lassen. Aus dem kalten Batz eine Wurst formen oder was man will, von allen Seiten mit Kakaopulver bestäuben und 2-3 Stunden im Kühlschrank frieren lassen.
5. Das Wichtigste habe ich fast vergessen: RUM! Punker nehmen vor dem Erkalten ein paar Eßlöffel davon (damit man's schneller rauskotzt).

- In Alu- oder Plastikfolie aufbewahren.

VEGANE CREME-TORTE

von Tom/Vegane Offensive Ruhrgebiet
Musik: Born Against „Nine Patriotic Hymns For Children"

für den Teig:
- **150 g Mehl**
- **100g Speisestärke**
- **225 ml Wasser**
- **8 TL Eiersatz**
- **180g Zucker**
- **3 gestrichene TL Backpulver**

für den Belag:
- **1 Packung Vanille- oder Schokopuddingpulver**
- **ca. 1/2 l Sojamilch**
- **ca. 500g Margarine**
- **Früchte nach Belieben oder Fruchtcreme**
- **plattgewalztes Marzipan**
- **gehobelte Mandeln oder Schokostreusel**

1. Die Teigzutaten inner Schüssel schön zu einem flüssigen Teig verrühren. Das Zeug dann in eine eingefettete und mit Paniermehl ausgestreute Kuchenspringform kippen, mit Alufolie abdecken und für 25-30 min. in einen 180° C heißen Backofen schieben.
WICHTIG: Nicht zwischendurch aufmachen!!
2. Ist die angegebene Zeit um, nehmt ihr die Form aus dem Ofen und laßt das Ganze erstmal auskühlen. Dann aus der Form lösen und längs durchschneiden, so daß mensch zwei Scheiben hat.
3. Vanille- oder Schokopudding mit Sojamilch kochen (muß aber richtig dick werden; also etwas weniger Flüssigkeit als angegeben nehmen!). Abkühlen lassen.
4. Dann mischt mensch den Pudding mit der gleichen Menge Margarine.
5. So - jetzt nehmt ihr die erste der beiden Scheiben und tut darauf entweder Früchte oder Fruchtcreme. Darauf packt ihr die Hälfte der kalten Pudding-Margarine-Mischung. Da drauf setzt ihr dann die andere Teigscheibe.
6. Auf die kommt am besten plattgewalztes Marzipan und darauf dann der Rest der Creme. Damit's auch perfekt wird, auf den Rand und obendrüber geröstete, gehobelte Mandeln oder Schokostreusel streuen.

KAISER-SCHWACHSINN

von Schneider/Hip Young Things

für 2 Personen:
1. 180g Vinyl auf einen Plattenteller legen. Am besten „Metal Machine Music" von Lou Reed oder „Earth 2" von Earth. Plattenspieler anwerfen und Volumen auf 20!
2. Von 4 Eiern Dotter und Eiweiß trennen. Dotter in eine Plastikrührschüssel geben, Eiweiß zu Schaum schlagen.
3. 1/2 l Milch zum Dotter geben

und kräftig durchrühren.
4. Eine beliebige Menge Mehl (eigenes Ermessen ist angesagt) vorsichtig in den Prä-Teig rühren. Es darf nicht zu dick und nicht zu dünn werden.
5. Eine Prise Salz und 1/2 EL Zucker hinzufügen.
6. Musik lauter stellen und eine rauchen.
7. Die Schale von einer unbehandelten Zitrone abraspeln und gleichmäßig in dem Teig verteilen.
8. Gegebenenfalls ein paar Rosinen in die Schüssel werfen (ich persönlich mag es lieber ohne).
9. Immer darauf achten, daß die Musik die richtige Lautstärke hat. Etwa 90-120 Dezibel.
10. Eine nicht zu kleine Pfanne langsam erhitzen und Butter zerschmelzen lassen.
11. Vorsichtig das geschlagene Eiweiß dem Kaiserschwachsinns-Teig beifügen und mit einem Löffel unterheben. Schaum und Teig sollten gleichberechtigt miteinander verbunden sein!
12. Eine nach eigenem Ermessen bestimmte Menge Teig in die mittlerweile auf halber Kraft erhitzte Pfanne geben, warten, wenden und mit zwei Gabeln dann schließlich zerreißen (in etwa 10-20 kleinere, mundfreundliche Stücke).
13. Dieser Vorgang wird bis zur Erschöpfung des Teiges wiederholt. Den fertigen „Schwachsinn" gegebenenfalls im Ofen warmhalten.
14. Zum Speisen sollte dem Gehör mit „Torturegarden" von John Zorns „Naked City" ein wenig Abwechslung gegönnt werden.

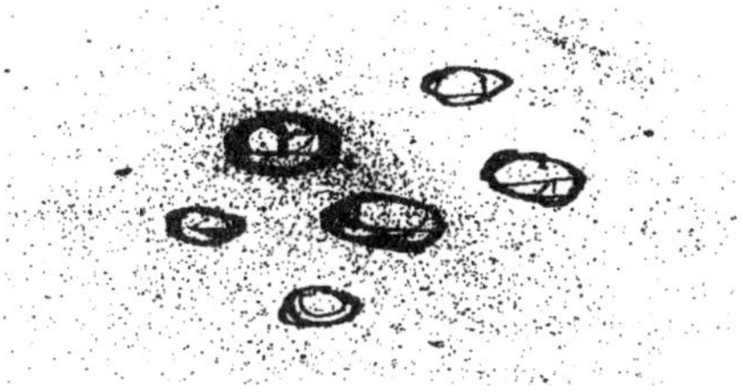

STRUWEN

Hefeküchlein

von: Margit/Fabrik Duisburg
Musik: Life... But How To Live It?
„Ugly"

- **500g Mehl**
- **3/8 l Milch**
- **40g Hefe**
- **2 EL Zucker**
- **1-2 Eier**
- **ca. 125g Rosinen**
- **etwas Salz**
- **ca. 30g Butter oder Margarine zum Anbraten**

1. Die Hefe mit etwas lauwarmer Milch anrühren. Das Mehl in eine Schüssel geben, eine Mulde reindrücken, die Hefebrühe reingießen und mit etwas Mehl vermengen. Das Ganze muß dann zugedeckt (Tuch) 15 min. stehengelassen werden.
2. Danach die restlichen Zutaten in die Schüssel packen, kräftig vermischen (kneten?) und dann nochmal 1 Stunde zugedeckt gehenlassen.
3. Dann in einer Pfanne kleine, runde Kuchen braten/backen. Mit Zimt (und Zucker) bestreuen und essen.

- Ist eine Kalorienbombe und macht pappsatt

Wieso immer Fertigprodukte kaufen, wenn das Selbermachen gar nicht so schwer ist? Bayrischen Großkapitalisten braucht man/frau jedenfalls nicht die Kohle in den Rachen zu schieben, und deshalb hier für euch

MILCHREIS MIT ORANGEN

Musik: Wipers „Is This Real?"

- **1/2 l Milch oder Reisdrink (aus´m Ökoladen)**
- **1 Zimtstange**
- **50g brauner Zucker**
- **100g Milchreis (der „normale" Reis ist dafür nicht geignet)**
- **1 Prise Salz**
- **3 Orangen (oder anderes Obst)**

1. Einen kleinen Topf kurz mit Wasser ausschwenken, ausschütten und Milch bzw. Reisdrink rein (auf diese Art brennt das Zeug nicht so schnell an). Unter Rühren aufkochen lassen.
2. Zimtstange, Zucker, Salz und Reis rein, einmal durchrühren und auf kleinster Flamme ca. 30 min. quellenlassen. Am besten ab und zu mal umrühren, weil sich obendrauf so ´ne Haut bildet. Dann von der Kochstelle nehmen und weitere 10 min. ausquellenlassen.
3. In der Zwischenzeit könnt ihr schon mal die Orangen filetieren. D.h.: von den Orangen die ganze weiße Haut abschälen und einzelnen Schnitze ohne Haut rausoperieren. Wenn euch das zu kompliziert ist, nehmt ihr einfache normale Orangenschnitze und schneidet die in Stücke, okay?
4. So - zum Schluß die Zimtstange entfernen, Milchreis mit den Orangen mischen und essen.

- Schmeckt natürlich auch kalt sehr lecker.
- Apfelmus oder nur Zimt und Zucker kommt auch gut.

HAFERFLOCKEN-COOKIES

Musik: Fastbacks „Zucker"

- **2 Tassen zarte Haferflocken**
- **1 Tasse Mehl**
- **1 Tasse Zucker**
- **1 Tasse süße Sahne**
- **2 EL Kakao**
- **Mark von 1/2 Vanilleschote**
- **ein bißchen Zimt**
- **1 Messerspitze Backpulver**

Einfach alle Zutaten in eine Schüssel geben und gut verrühren. Dann mit feuchten Händen Tischtennisbälle formen und auf ein gefettetes Backblech setzen, flachdrücken (ergibt dann ca. die Größe von Lebkuchen). Den Backofen auf 180° C schalten, Blech rein und warten bis es zu duften anfängt (ca. 15-20 min.). Dann noch ein bißchen abkühlen lassen, sonst verbrennt ihr euch die Zunge...

EIS MIT HEISSER SCHOKOSOSSE

von Jens/Dreieck-Verlag
Musik: Solltet ihr das Eis für ein lauschiges Rendevous zubereiten (Eis soll man ja nicht nur von Tellern essen können), empfehle ich „Kein Tag ohne Liebe" von den Neurotic Arseholes

Hier geht es vor allen Dingen um die Schokosoße, denn das ist ein großes Problem. Zumeist bekommt man Fertigsoßen auf sein Eis. Das ist blöde, denn diese Soßen haben den schrecklichen Effekt, daß sie nicht mit dem Eis reagieren. Das heißt, sie reagieren schon, sie schmelzen das Eis, aber sie ergeben keine feste Schicht auf dem Eis. Andere Soßen werden sofort hart und sind dann einfach nur Schokolade auf Eis. Das ist natürlich auch langweilig.
Eine schicke Schokosoße aber wird knatschig und leicht zäh auf dem Eis. Hier also das Geheimnis einer richtig tollen Schokosoße.

Ihr braucht
- **Eis (welche Sorte du willst)**
- **1 Tafel Vollmilchschokolade**
- **etwas süße Sahne (Milch tut´s auch)**
- **ein Schuß Cognak**

1. Vollmilchschokolade auseinanderbrechen und in einem kleinen Topf zusammen mit etwas Sahne und einem Schluck Cognak auf kleiner Flamme zum Schmelzen bringen. Gut aufpassen, daß die Sache nicht zu dünn wird.
2. Wenn sich die Schokolade nicht richtig auflöst, nochmal etwas Sahne dazugeben. Immer gut umrühren. Fertig.
3. Mit einem Löffel die Soße in Kreisbewegung über das Eis geben. Zur Garnierung eignen sich Cornflakes - so gibt es auch noch einen Knuspereffekt!

RUSSISCHE PASSCHA

Musik: Die Goldenen Zitronen „Economy Class"

- **500g Quark**
- **3 Eier**
- **100g Butter**
- **200g saure Sahne**
- **3-4 EL Honig**
- **125g geriebene Mandeln**
- **ein bißchen Vanillemark**

1. Den Quark schaumig rühren und Eier, Butter und saure Sahne zugeben.
2. Alles in einem Topf erwärmen bis sich Blasen bilden (umrühren nicht vergessen). Unter Rühren abkühlen lassen (Geht ganz prima, wenn ihr kaltes Wasser in die Spüle laufen lasst und die Schüssel danach reinstellt - aber Vorsicht,daß kein Wasser reinkommt).
3. Honig, Mandeln und Vanille unterrühren, in Dessertschalen füllen und kaltstellen

Eigentlich ist Griesbrei ja nur was für Wimps, aber... ich lieb den heiß und innig, wenn's mir mal nicht so gut geht. Hier also der ultimative Seelentröster:

GRIESMOUSSE AN APRIKOSENMUS

Fluf „Wasting Seed"

für 2 Tröster:
- **3/8 l Milch**
- **1/4 l Sahne**
- **1 Prise Salz**
- **50g Hartweizengries**
- **2 EL Honig**
- **1 kleine Dose Aprikosen**

1. Milch und Sahne unter ständigem Rühren zum Kochen bringen.
2. Ist's soweit, wird der Gries eingestreut und umgerührt. Bei milder Hitze unter gelegentlichem Rühren 5 min. ausquellen lassen (Vorsicht! Brennt leicht an).
3. In der Zwischenzeit könnt ihr schon mal die Aprikosen im Mixer pürieren.
4. So, jetzt den Honig in den Gries einrühren und alles auf zwei Teller verteilen. Mit viel Muse könnt ihr jetzt kreativ sein und mit dem Aprikosenmus schöne Muster in den Brei zaubern. Viel Spaß!

- Eine köstliche Variante ist auch, den Brei einfach mit Zimt und Zucker zu bestreuen.
- Schmeckt außerdem auch kalt lecker!

Wer schon mal in der Bretagne im Urlaub war, wird sich über das folgende Rezept bestimmt freuen... Dort gibt's nämlich ziemlich kultigen „Kuchen", den man gut als Nachspeise oder so essen kann. Los geht's:

BRETONISCHER FLAN

Musik: Madredeus „Ainda"

als „Snack" für vier:
- **200g entsteinte Backpflaumen**
- **30 ml Cognak oder Weinbrand**
- **3 Eier**
- **60g Zucker**
- **50g Mehl**
- **125 ml Milch**

1. Zuerst legt ihr die Pflaumen in eine Schüssel, schüttet den Alk drüber und laßt das Ganze so 30 min. ziehen. In der Zwischenzeit nehmt ihr eine nicht zu große Auflaufform und fettet sie ein.
2. Danach werden die Eier mit dem Zucker schaumig geschlagen. Dann siebt ihr das Mehl rein und verrührt alles gut. Zum Schluß kommt noch die Milch dazu. Nochmal alles gut durchrühren.
3. Ist die halbe Stunde um, legt ihr die Pflaumen (ohne den Alk) in die Form, gießt die Eiersoße drüber und schiebt die Form auf die mittlere Schiene im Backofen.
Auf 180° C anwerfen und ungefähr 30 min. backen. Seht ab und zu rein, ob die Oberfläche schon braun geworden ist...

- Kann kalt oder warm gegessen werden.

VITAMINBOMBE

von Frank Köhler/
Crucial Scum-Tapes
Musik: Gorilla Biscuits
„Start Today"

- **300g Möhren**
- **75 ml Milch**
- **Saft und Schale von einer unbehandelten Orange**
- **50g Orangeat**
- **2 EL Honig**
- **jeweils 1/2 TL gemahlenen Koriander und Anis**
- **5 gemahlene Mandeln**
- **4 EL Schlagsahne**

1. Möhren waschen, schälen und fein reiben. Mit Milch, Saft und Schale der Orange und dem Orangeat solange kochen, bis die Möhren gar sind und sich ein dicker Brei gebildet hat.
2. Dann mischt mensch noch Honig, Koriander, Anis, Mandeln und Schlagsahne unter den Brei und läßt das Ganze auskühlen.
Auf Wunsch kann mit Mandelsplittern oder Pistazien noch garniert werden.

- Diese Vitaminbombe ist besonders empfehlenswert für diejenigen, die kaffeetrinkend den ganzen Tag vor'm Computerbildschirm sitzen und so'n Heftchen wie das Ox machen, hähä...

Was wäre eine Party ohne die berühmt berüchtigte Ox-Bowle??

OX-KNÜLLER-BOWLE

Musik: You Can Drive I Must Drink

- **1/2 Flasche Blue Curacao**
- **etwas Wodka, Rum oder sonstigen Fusel**
- **Saft von einer Zitrone**
- **1 Flasche Grapefruit- oder Ananassaft**
- **1 Flasche trockenen Sekt**
- **1 Flasche Orangensaft**
- **je 1 Dose Ananas und Pfirsiche**
- **1 Kiwi**

1. Ananas und Pfirsiche in mundgerechte (?) Stücke schneiden, Kiwi schälen und in Scheiben schneiden, in eine große Schüssel geben und mit dem Blue Curacao übergießen. Zugedeckt etwas ziehenlassen.
2. Zitronensaft und die 2 Flaschen Saft über das Obst kippen.
3. Kurz vor dem Servieren den Sekt dazugeben.

- Merke: Je länger gezogen, desto dröhniger! Am besten am Tag vorher ansetzen...
- Die Menge reicht, um 5 Personen in ca. 1 Stunde besoffen zu machen.

WRECK-AGE-DESSERT

von Amber/Wreck Age Rec.
Musik: Patsy Cline

Einfach die Orangen schälen, und jeweils in 6 Scheiben schneiden (Also keine Schnitze!). Mit ein bißchen Zimt und braunem Zucker bestreuen. Fertig.

Wenn du ein bißchen mehr Zeit hast, nimm:
1. 250g entsteinte Trockenpflaumen. Bringe 3/4l Wasser mit der Schale von 1 Orange (nur das orangene, nicht das weiße Zeug) zum Kochen. Mache schwarzen Tee mit diesem Wasser und schütte ihn über die Pflaumen, die sich in einer Glasschüssel befinden. Bedecke die Schüssel und laß das Ganze einige Stunden ziehen.
2. Fische jetzt die Pflaumen (Teewasser aufbewahren) heraus, und stecke in jede Pflaume eine Mandel. Dekoriere die Pflaumen, mit der Mandel nach oben, auf einen Teller.
3. Mische das Teewasser mit 4 EL Zucker und, koche es auf und laß es solange köcheln, bis das meiste Wasser verdampft ist und nur noch ein honigartiger Sirup übrig bleibt. Laß die Orangenschalen im Sirup - sie sehen niedlich aus.
4. Gebe jetzt den Sirup über die Pflaumen und serviere sie zusammen mit den Orangenscheiben.

FRISCHKORNMÜSLI

Musik: Violent Femmes
„Violent Femmes"

für 2 Menschen:

- **4 EL grob geschrotetes 5-Korn-Getreide**
- **Saft von 1/2 Zitrone**
- **1 TL Honig (oder mehr, wenn ihr's süß mögt)**
- **1 geriebener Apfel**
- **1 EL gemahlene Nüsse**
- **wenn ihr mögt: Rosinen, Sonnenblumenkerne, gehackte Mandeln...**
- **ca. 4 EL Joghurt (oder auch mehr)**
- **wenn ihr euch was Gutes tun wollt, noch'n Schuß Sahne dazu**
- **Obst je nachdem, was ihr zuhause habt, z.B. kleingeschnibbelte Bananen, Birnen, Nektarinen, Ananas, Erdbeeren...**

1. Frischkornmüsli ist leider kein Spontanrezept, denn das Getreide muß den Abend vorher eingeweicht werden. Gebt die entsprechende Menge in eine kleine Schüssel und rührt soviel Wasser ein, bis ein dickflüssiger Brei entsteht. Dann mit einem Teller oder sowas zudecken und bis zum nächsten Morgen stehen lassen.
2. Seid ihr dann frühmorgens frisch und munter, reibt ihr den Apfel schön fein, gießt den Zitronensaft drüber und gebt alles zu dem Schrot.
3. Dann Honig dazu und alles mit Joghurt, Nüssen usw. gut vermischen.
4. Zum Schluß das frisch geschnibbelte Obst drüber und fertig. Ich sag's euch Leute, das schmeckt soo

cool! Ich esse das Müsli allerdings lieber tagsüber, denn meine Kaumuskeln fühlen sich morgens mit sowas etwas überfordert...

Wer New York Hardcore hört und Muffins nicht kennt, hat verloren... Um eure Geschmackslücke zu schließen und um euch mein USA/England-Lieblinxgebäck vorzustellen, gibt's jetzt

FREAKY FUCKIN' HEIDELBÄR-MUFFINS

€ ⏲

Musik: Cro-Mags „Age Of Quarrel"

für 12-15 Stück braucht ihr:

- **12er Muffins-Backform (es funktioniert auch mit Papierförmchen, aber die bleiben nicht so recht in Form...)**
- **200g Weizenmehl**
- **60g zarte Haferflocken**
- **2 TL Backpulver**
- **1/2 TL Natron (gibt's mittlerweile im Supermarkt; sonst in der Apotheke)**
- **200g Heidelbeeren (frisch oder aus dem Glas)**
- **2 Eier (oder Ei-Ersatz)**
- **180g braunen Zucker**
- **150g Margarine**
- **1 Päckchen Bourbon(wichtig!)-Vanillezucker**
- **300g saure Sahne**

1. Der Teig geht pipieinfach. Muffinsform einfetten oder mit Papierförmchen auslegen. Dann die Heidelbeeren gut abtropfen lassen.
2. Als näxtes das Mehl mit Haferflocken, Backpulver und Natron in einer Schüssel mit einem Kochlöffel gut verrühren.
3. Dann nehmt ihr eine neue große Schüssel und verquirlt darin etwas die aufgeschlagenen Eier; dann Zucker, Margarine, Vanillezucker und saure Sahne dazu und nochmal kurz alles durchrühren.
4. Und jetzt aufgepasst: Seid ihr soweit, wird die Mehlmischung unter Rühren in die Teigmischung gepackt. Kapiert? Nur solange mit dem Kochlöffel rühren, bis alles gut vermischt ist.
Als letztes werden die Heidelbeeren vorsichtig untergerührt. Ich sagte vorsichtig, sonst sind sie alle Matsch...
5. Jetzt den Teig in die vorbereitete Form setzen - am besten bis knapp unter den Rand füllen. Jetzt ab damit in den Ofen. 20-25 min. bei 180° C.
6. Die Muffins sind fertig, wenn sie oben leicht braun sind. Ist es soweit, müßt ihr euch noch'n bißchen quälen, denn die Muffins sollten noch ca. 5 min. in der Form bleiben, aber dann... Muffins schmecken am besten lauwarm. Ihr werdet sehen, ich hab euch nicht zuviel versprochen!

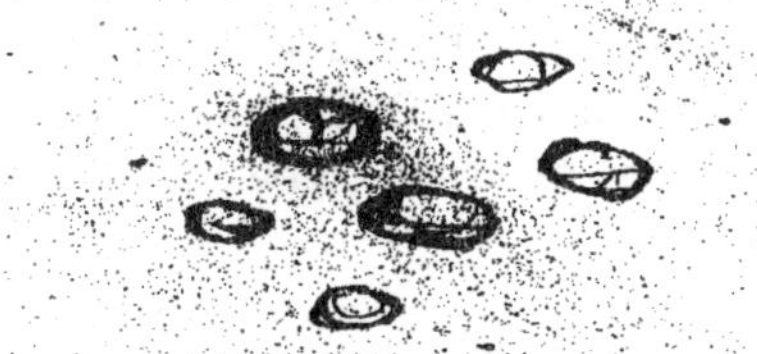

HAWAII-MUFFINS

Musik: Goran Bregovic „Underground" (Filmmucke)

für 12 Stück:
- **200g Mehl**
- **2 TL Backpulver**
- **1/2 TL Natron**
- **50g Kokosflocken**
- **250g Ananasstücke aus der Dose**
- **1 Ei (oder Ei-Ersatz)**
- **150g brauner Zucker**
- **100 ml Sonnenblumenöl (oder anderes neutrales Öl)**
- **250g Joghurt**
- **Muffinsform für 12 St.**

1. Backofen auf 180° C vorheizen und das Muffinsblech ausfetten.
2. Als nächstes Mehl, Backpulver, Natron und Kokosflocken in einer Schüssel vermischen. Außerdem die Ananasstücke abtropfen lassen.
3. Jetzt nochmal eine Schüssel einsauen und darin das Ei leicht verquirlen. Dann Zucker, Öl, Joghurt und Ananas dazu und gut verrühren.
4. Zum Schluß die Mehlmischung zu der Pampe geben und mit einem Kochlöffel unterheben, bis alles vermischt ist.
5. Dann die Förmchen fast bis zum Anschlag füllen und ab damit auf die mittlere Schiene des heißen Ofens. Nach ca. 25 min. sind die Dinger fertig (auf Braunheitsgrad achten). Ein paar Minuten auskühlen lassen und lauwarm vernaschen. Aaaaaaahhh!

SCHOKO-MUFFINS

Musik: Charta 77 „Before The Rain"

- **200g Mehl**
- **2 TL Backpulver**
- **1/2 TL Natron (ihr wißt schon, in der Apotheke und so...)**
- **1/4 TL Zimt**
- **3 EL Kakaopulver**
- **1 Ei**
- **175g brauner Zucker**
- **100 ml neutrales Öl (z.B. Distel- oder Sonnenblumenöl)**
- **125g Buttermilch**
- **3 reife Bananen**
- **1 Paket Vollmilch-Kuvertüre**
- **12er Muffinsblech**

1. Mehl mit Backpulver, Natron, Zimt und Kakaopulver in einer Schüssel vermischen.
2. In einer anderen Schüssel das Ei aufschlagen und leicht verquirlen. Zucker, Öl und die Buttermilch dazuschütten und gut vermischen. Die Bananen mit einer Gabel zermatschen, zu der Pampe geben und kurz verrühren.
3. Zum Schluß die Mehlmischung dazukippen und vorsichtig mit einem Kochlöffel unterheben.
4. Das Muffinsblech ausfetten (natürlich nur die Vertiefungen!) und dann den Teig einfüllen.
Ofen auf 180° C anwerfen, Muffins auf die mittlere Schiene und ca. 25 min. backen.
5. Sind die Muffins fertig, laßt ihr sie erstmal auskühlen. Wenn sie endlich vollkommen kalt sind, könnt ihr den

Schokoguß zubereiten und die Muffins damit bestreichen, übergießen oder was auch immer. Mmmmhh....

VOLLKORN-MUFFINS

€ ⌚

Musik: Toxic Reasons „Kill By Remote Control"

für ca. 6 Stück:
- **200g Weizenvollkornmehl**
- **1 TL Backpulver**
- **1 TL Zimt**
- **100g Honig**
- **30g neutrales Öl (z.B. Distelöl)**
- **1 Packung Bourbon-Vanillezucker**
- **4 EL Milch**
- **1-2 EL zarte Haferflocken**
- **6er Muffinsblech oder Muffinförmchen aus Papier (gibt´s in diesen ekligen US-Stores)**
- **1 Handvoll Blaubeeren aus´m Glas, gut abgetropft (notfalls tun´s auch Kirschen)**

1. Vermische alle trockenen Zutaten in einer Schüssel.
Schütte alle mehr oder weniger flüssigen Zutaten in eine etwas größere Schüssel.
2. Gib nun unter Rühren die trockenen zu den flüssigen Zutaten und schon isses fertig.
3. So - jetzt die Muffinsförmchen in die Muffinsform setzen (falls ihr sowas habt) und 3/4 voll machen (mit dem Teig natürlich...). Obst zum Schluß oben drauf verteilen.
Die gefüllten Förmchen auf die mittlere Schiene geben. Ofen auf 175° C schalten und in ca. 20 min. goldbraun werden lassen.

- Lecker, wenn die Oma zu Besuch kommt.

RUCKI-ZUCKI-VEGGI-APFELKUCHEN

⌚ €

Musik: Boskops „Lauschgift"

- **300g Mehl (evtl. 100g Vollkornmehl und 200g „normales" Mehl)**
- **150g Zucker**
- **100g Margarine (oder Butter)**
- **1 Ei-Ersatz (oder 1 Ei)**
- **1 TL Zimt**
- **1 gestrichener TL Backpulver**
- **750g Äpfel (am besten Boskop)**

1. Alle Zutaten außer den Äpfeln in eine Schüssel geben, und zu Krümeln (Streusel) verarbeiten. 2/3 davon in eine gefettete runde Kuchenform geben und leicht andrücken.
2. Jetzt die Äpfel schälen, vierteln, in dünnere Scheiben schneiden und auf dem Kuchen verteilen.
3. Die restlichen Krümel drauf und ab damit in den Backofen - bei 175° C ca. 45 min. backen, fertig.

Ich schwöre euch, daß bei diesem Kuchen niemand merkt, daß er mit Vollkornmehl gebacken wurde...

BANANENKUCHEN

Musik: Boomtown Rats
„Banana Republic"

- **250g Butter oder Margarine**
- **150g brauner Zucker**
- **3 Eier oder 3 Eiersatz**
- **2 Päckchen Vanillezucker**
- **4 reife Bananen**
- **3 EL Kakao**
- **75g gemahlene Haselnüsse**
- **1 1/2 TL Zimt**
- **1 EL Rum (oder auch nicht)**
- **300g Weizenvollkornmehl**
- **1 1/2 TL Backpulver**
- **1 TL Natron**

1. Butter/Margarine mit Zucker, V-Zucker und Eiern (bzw. Eiersatz) schaumig rühren.
2. Die reifen Bananen mit einer Gabel zerdrücken, und zusammen mit Kakao, Haselnüssen, Zimt und Rum unter den Teig rühren.
3. Zum Schluß das Mehl samt Backpulver und Natron portionsweise unterrühren.
4. Den Teig in eine große gefettete Kastenform füllen und bei 170° C ca. 1 1/4 Stunden backen.

- Wer will, kann den Kuchen, wenn er vollständig abgekühlt ist, noch mit einer Schokoglasur überziehen.

APRIKOSEN-KUCHEN

Musik: The Nuns
„4 Days In a Hotel Room"

- **750g frische Aprikosen halbiert und entsteint - oder einfach ´ne Dose**
- **3 Eier, getrennt (schluchz...)**
- **50g Zucker**
- **Saft und abgeriebene Schale einer ungespritzten Zitrone**
- **1 Packung Vanillepuddingpulver**
- **50g gemahlener Zwieback (einfach fein zerdrücken)**
- **1 TL Backpulver**
- **50g Weizenmehl**
- **30g Sonnenblumenkerne**

1. Zuerst die Eiweiße steifschlagen und nach und nach Zucker, Zitronensaft und Zitronenschale dazugeben und schlagen bis die Masse schnittfest und glänzend ist. (Schnittfest heißt: ihr nehmt ein Messer, macht einen Schnitt rein, und wenn der Schnitt sichtbar bleibt, isses okay).
2. Das Puddingpulver mit Zwiebackbröseln, Backpulver und Mehl mischen. Zusammen mit den Eigelben unter den Eischnee rühren.
3. Jetzt eine runde Kuchenbackform mit Backpapier auslegen (muß sein, wenn ihr nicht wollt, daß die Matsche euren Ofen versifft) und den Teig reinfüllen. Mit den abgetropften Aprikosen - Schnittfläche nach unten - belegen und mit den Sonnenblumenkernen

bestreuen.
Auf der mittleren Schiene des Backofens bei 200° C ca. 20-30 min. backen (schaut einfach ab und an mal rein).
4. Den Kuchen aus der Form lösen und auf einem Kuchengitter (falls ihr sowas besitzt) abkühlen lassen. Vergeßt aber nicht das Papier abzuziehen... Jetzt noch einen Berg Schlagsahne dazu und die Welt ist (wenigstens für den Moment) wieder in Ordnung!

BLAUBEER-PFANNKUCHEN

von Guido
Musik: Melvins „Magic Pig Detective"

1. Man nehme 3 Eier, etwas Mehl und Milch und eine Prise Salz, und bereite daraus den Teig. Den Mixer übertönen wir locker mit den Melvins. Jetzt noch die Flüssigkeit von einem Glas Blaubeeren abgießen.
2. Habt ihr das geschafft, könnt ihr etwas Butter (und nur gute Butter) in einer Pfanne erhitzen und 2/3 des Teiges hineinschütten. Dann nach Belieben Blaubeeren dhinzufügen und anschließend den restlichen Teig drüberleeren.
3. Nach kurzer Bratzeit die Herdplatte abstellen, Deckel auf die Pfanne und den Blaubeerpfannkuchen ziehenlassen. (Sach ma, Guido, muß man den nicht von beiden Seiten anbraten? Hmmm..)
4. Dann auf einen großen Teller damit und mit vielen Kugeln Landliebe-Heidelbeereis verziert servieren.
5. In der Zwischenzeit haben wir die CD gewechselt und hören nun Barbara Dennerlein solo bis tief in die Nacht!

Dedicated to Arne:

KNUSPERWÜRFEL

von Thomas Hallmann
Musik: Slick „Electric Bäbyländ"

- **1/4 l Sonnenblumenöl**
- **375g Honig**
- **Schale von 3 unbehandelten Zitronen**
- **250g Sesam**
- **250g Sonnenblumenkerne**
- **250g Mandeln, grob gehackt**
- **250g Haferflocken grob**
- **250g Haferflocken fein**

1. Alle Zutaten in einem Topf vermischen. Bei mäßiger Hitze unter ständigem Rühren leicht anrösten (ca. 5 min.).
2. Danach die Masse auf ein gefettetes Backblech geben und glattstreichen.
Bei 200° C auf der mittleren Schiene 15-20 min. braun backen.
3. Lauwarm in mundgerechte (?!!) Stücke schneiden und auf dem Blech auskühlen lassen.
Auskühlen lassen ist sehr wichtig, denn sonst zerbrechen die Teile

WAFFELN MIT BIRNEN UND EIS

Musik: Fischer Z
„Red Skies Over Paradise"

für die Waffeln:
- **100g Zucker**
- **1 Päckchen Vanillezucker**
- **1 Prise Salz**
- **1 EL Rum (evtl. weglassen)**
- **500g süße Sahne**
- **250g Mehl**

für die Birnen:
- **600g Birnen**
- **Saft von 2 Zitronen**
- **2 EL Zucker**
- **1 Zimtstange**
- **ca. 1 EL Speisestärke**

- **1 Packung Vanilleeis**

1. Als erstes Zucker, Vanillezucker, Salz, Rum und Sahne verrühren. Das Mehl nach und nach dazugeben (alles auf einmal staubt zu sehr) und unterrühren.
2. Als nächstes kommen die Birnen dran. Birnen vierteln, schälen und entkernen. Die Viertel dann wiederum in Spalten schneiden.
3. 1/4 l Wasser mit Zitronensaft, Zucker und Zimtstange zum Kochen bringen und die Birnenstücke darin ca. 5 min. dünsten.
4. Die Speisestärke mit etwas Wasser glattrühren und in die heiße Birnenflüssigkeit einrühren. Einmal aufkochen lassen; dann müßte alles etwas eingedickt sein.
5. So - jetzt schnell das Waffeleisen anschmeißen, ein bißchen einfetten, und jeweils 3-4 EL Teig pro Waffel hinein und Waffeln ausbacken. Dauert pro Stück ca. 5 min.
6. Und jetzt darf geschlemmt werden! Waffel auf einen Teller, etwas Birnenkompott und 1-2 Kugeln Eis drauf und ab damit.

MILCHSUPPE

von Margit/Fabrik Duisburg
Musik: Die Unbezahlbaren „Mutti"

- **1 l Voll- oder Buttermilch**
- **40g Mehl**
- **250g getrocknete Birnen oder Pflaumen**
- **etwas Salz**

1. Die getrockneten Früchte in Wasser einweichen und etwas quellen lassen.
2. Die Milch unter Rühren erhitzen, Mehl einrühren und etwas quellen lassen. Früchte dazu und gut durchkochen.

- Wer Bock hat, kann auch Nudeln mitkochen.

Vegan einen Kuchen zu backen ist überhaupt nicht schwer. Ihr glaubt mir das nicht? Dann probiert doch mal das folgende Rezept aus:

8. MAI-KUCHEN

Musik: Tubeway Army „Tubeway Army"

- **90g Margarine**
- **90g Zucker**
- **1 Prise Salz**
- **2 EL vollfettes Sojamehl**
- **4 EL Wasser**
- **120g Weizenmehl**
- **1 TL Backpulver**
- **1 Dose Aprikosen, Pfirsiche oder 1 Glas Sauerkirschen**

1. Den Backofen auf 200° C anwerfen. Dann nehmt ihr eine Kuchenspringform mit einem Durchmesser von 22 cm und legt den Boden der Form mit Backpapier aus (Boden auf's Papier legen, mit einem Bleistift anzeichnen, ausschneiden und in die Form legen). Der Rand der Form wird innen mit Margarine eingeschmiert.
2. Das Obst entdosen, Flüssigkeit abgießen und auf einem Küchenkrepp (Zewawischundweg) gut abtropfen lassen.
3. Margarine, Zucker und Salz miteinander vermischen, Sojamehl und Wasser dazu, gut verrühren und zum Schluß Mehl und Backpulver untermischen. Sollte der Teig krümmelig sein, gebt ihr nochmal 1 EL Wasser dazu.
4. Jetzt dürft ihr den Teig in die Form füllen und gleichmäßig mit so einem Teigschaber verstreichen. Wie, das Papier rutscht euch dauernd weg? Mit ein bißchen Ausdauer kriegt ihr das schon hin! Soo - habt ihr das geschafft, nehmt ihr das Obst und legt es dekorativ auf den Teig; leicht andrücken.
5. Zum Schluß das Ganze auf die mittlere Schiene in den Backofen stecken und 35-40 min. warten. Der Kuchen ist fertig, wenn er oben leicht gebräunt ist. rausnehmen, etwas abkühlen lassen und dann mit Puderzucker bestäuben.

- Wenn ihr die Teigmenge um die Hälfte vergrößert (also 3 statt 2 Eier und so), paßt sie in eine herkömmliche 26 cm Springform.
- Der Kuchen kann natürlich auch mit frischem Obst gemacht werden.

Literatur

Wer sich mit Vegetarismus/Veganismus auseinandersetzen möchte, dem können wir u.a. folgende Bücher wärmstens empfehlen:

- Eimler, Wolf-Michael; Kleinschmidt, Nina: Tierische Geschäfte, Droemer Knaur
- Eimler, Wolf-Michael; Kleinschmidt, Nina: Der Fleischreport, Hoffmann und Campe
- Pilgrim, Volker Elis: Zehn Gründe kein Fleisch mehr zu essen, rororo
- Die Hamburger-Farm-Musikanten: Nie wieder Fleisch!, Packpapier Nr. 73, Packpapier Verlag, Osnabrück
- Kaplan, Helmut F.: Leichenschmaus, rororo
- Pater, Siegfried: Zum Beispiel McDonalds, Lamuv Verlag
- Kroth, Eva: Das Tierbuch, Zweitausendeins
- George, Susan: Warum die Hungernden die Satten ernähren, Packpapier Verlag

Jede Menge zu diesem Themenkomplex gibt´s auch bei SUMMERSAULT zu bestellen. Eine Liste kann gegen 1 DM Rückporto angefordert werden bei Holger Ohst, Schwachhauser Heerstr. 285, 28211 Bremen.

Bei **FACE IT!** - Menschen für Tierrechte, Postfach 21 32, 24020 Kiel gibt es:
- Veganissimo 1: Tierliche Inhaltsstoffe und ihre Alternativen 84 S., DIN A6, 3 DM + 2 DM P&V. Hier geht es um Inhaltsstoffe von A-Z, Zusatzstoffe und Bezugsadressen für vegane Produkte.
- Veganissmo 2: Das Handbuch der Tierrechte 80 S., 3 DM + 2DM P&V
- Veganissimo 3: Literaturverzeichnis der Tierrechte 164 S., 6 DM + 2 DM P&V
- Clements, Kath: Vegan. Über Ethik in der Ernährung und die Notwendigkeit eines Wandels, Göttingen, 1996 (Echo Verlag) 144 S., 15 DM + 2DM P&V

Kochbücher:

Klingel, Brigitte: Vegan-Küche, Kochen mit Gemüse und Getreide, München 1996, Südwest Verlag, 19,80 DM

Ruthenberg, Silke; Kirdorf, Harald: Viva Vegan, Das Rein vegetarische Kochbuch, Windeck 1994, Okapi Verlag, ca. 20 DM
(zu bekommen bei Summersault)

Außerdem gibt´s Infos, Rezepte usw. auch bei der Vegetarischen Initiative, Curtiusweg 23, 20535 Hamburg!

Inhaltsverzeichnis

FACES THE FACTS

Liebe geht durch den Magen, und wer am Ox-Kochbuch Gefallen gefunden, ist jetzt viellicht neugierig geworden auf unser sonstiges Treiben. Ox ist ein Fanzine, das sich dreimonatlich auf 124 Seiten mit Punk, Hardcore und anderer lauter Musik beschäftigt, aber auch Artikel zu Literatur, Comix, Film, Video und Politik enthält. Außerdem gibt es eine Vielzahl von CD- und Plattenrezensionen, sowie natürlich die Rezeptseite. Und weil man über Musik nicht nur Lesen sollte, sondern diese am besten auch hört, liegt jeder Ausgabe eine CD-Compilation mit mindestens 30 Bands bei.

Erhältlich ist Ox in vielen kleinen Plattenläden, bei den meisten Mailordern, sowie direkt bei uns. Gegen 8 DM in Briefmarken gibt's die aktuelle Ausgabe zum Antesten frei Haus, für 20 Mark die letzten drei Nummern sowie für 27 DM ein Abonnement über 4 Ausgaben.

Ox-Fanzine
Postfach 14 34 45
45264 Essen
Tel. 0201 - 51 22 18
Fax 0201 - 51 22 08

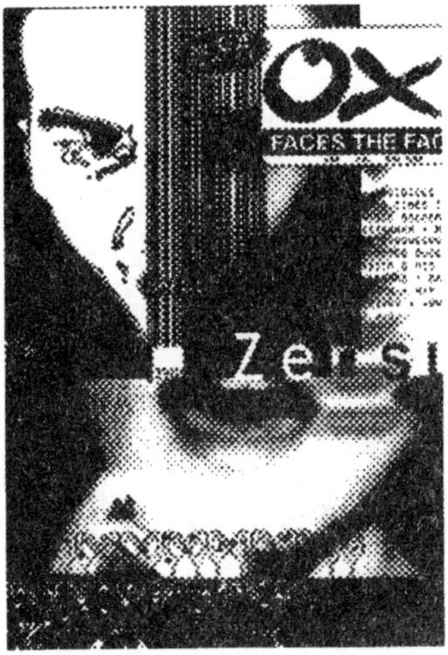

Ox #26 (Februar '97)
- Im Heft: FASTBACKS, NRA, GOLDENE ZITRONEN, MIOZÄN, TURBONEGRO, CAVE 4, 59 TIMES THE PAIN, PETER PUCK, JIMMY KEITH & HIS SHOCKY HORRORS, BASEMENT BRATS, HIP YOUNG THINGS, ABHINANDA und mehr
- Auf der CD: ANTISEEN, TURBONEGRO, BUSHFIRE, DEVIL IN MISS JONES, LATEX GENERATION, BASH, HIS HERO IS GONE, TRIPFACE, NEW WAVE HOOKERS, KILLRAYS, DIE STRAFE, N.O.E., KNOCHENFABRIK, OS 101 u.a.

Ox #27 (Juni '97)
- Im Heft: LOS ASSDRAGGERS, X-ACTO, BLOW HARD, CHEEKS, DAYGLO ABORTIONS, MILITANT, SPIDER BABIES, LARD/Jello Biafra/Alternative Tentacles, UK SUBS/New Red Archives, TRANS-AM und andere
- Auf der CD: u.a. KILLING TIME, DR. BISON, STONED, HI-STANDARD, MILITANT, BURNING HEADS, FINGER, 1. MAI 87, RADIOBAGHDAD, DAMAD, LOST LYRICS, ULME, PADDED CELL, GERM ATTACK, SUPERNICHTS, WOHLSTANDSKINDER